Reinhold Ruthe
Die Perfektionismus-Falle

Reinhold Ruthe

Die Perfektionismus-Falle

… und wie Sie ihr entkommen können

Bibliografische Information Der Deutschen Nationalbibliothek
Die Deutsche Nationalbibliothek verzeichnet diese Publikation
in der Deutschen Nationalbibliografie; detaillierte bibliografische
Daten sind im Internet über www.d-nb.de abrufbar.

4. Auflage 2011
ISBN 978-3-86506-262-8
© 2003 by Joh. Brendow & Sohn Verlag GmbH, Moers
Einbandgestaltung: Brendow Verlag, Moers
Titelfoto: Getty Images
Satz: Satzstudio Winkens, Wegberg
Druck und Bindung: CPI – Clausen & Bosse, Leck
Printed in Germany

www.brendow-verlag.de

Inhalt

Vorwort

Perfektionismus ist ein Krebsgeschwür im menschlichen Leben und eine Falle, die Wohlbefinden und Zufriedenheit zerstört. Die Lebensqualität leidet. Die bewussten und unbewussten Ziele sind zu hoch. Die Selbstüberforderung übersteigt das Normalmaß. Viele Frauen, Männer und Kinder versuchen als perfekte Menschen zu leben: als Eheleute, als Eltern, als Schüler, als Mitarbeiter und als Christen.

Perfektionismus ist ein unmenschliches Streben. Es setzt Leib, Seele und Geist unter Druck. Menschen, die dem Perfektionismus huldigen, schädigen sich und ihre Umgebung. Sie überfordern sich und machen das Leben zur Qual.

Perfektionismus äußert sich unterschiedlich bei introvertierten oder extrovertierten Persönlichkeiten.

Mehr *introvertierte Perfektionisten* leiden still vor sich hin. Sie machen kein Spektakel, fallen in der Öffentlichkeit nicht auf. Sie haben das Gefühl, nicht zu genügen, dass ihnen etwas fehlt, dass ihre Leistung nicht ausreicht. Sie fühlen sich hässlich, dumm und unerwünscht und haben Angst, Fehler zu machen. Sie fühlen, andere könnten hinter ihre Inkompetenz kommen.

Die *extrovertierten Perfektionisten* denken anders. Sie wollen gesehen und bewundert werden. Sie müssen vor den Augen der anderen glänzen. Mit Macht drehen sie auf, holen das Letzte aus sich heraus und demonstrieren ihr Können. Vor den Augen der Umwelt muss alles perfekt und tadellos sein. In den Schubladen und hinter den Kulissen sieht es häufig anders aus. Auch kritisieren sie die andern, die unvollkommen und fehlerhaft arbeiten. Am liebsten würden sie alles selbst und besser machen.

Perfektionismus ist menschliche Überheblichkeit. Denn Irren ist zutiefst menschlich. Verfolgen Sie einmal die Nachrichten: »Menschliches Versagen« wird als Ursache für 80 bis 90 % aller Unfälle im technischen System angegeben. Das gilt für ¾ aller Flugzeugabstürze, für 80 % aller Chemieunfälle und für bis zu 50 % aller Störfälle in Kernkraftwerken.

Perfektionismus ist eine schmerzhafte Einstellung für Christen und Nichtchristen. Diese Menschen streben höchste Normen und Idealvorstellungen an. Perfektionisten sind enttäuscht, wenn andere nicht mit ihren Idealvorstellungen übereinstimmen.

- Perfektionismus untergräbt die *Zufriedenheit*.
- Perfektionismus zerstört die *Gesundheit*.
- Perfektionismus ruiniert die *Partnerschaft*.
- Perfektionismus belastet den *christlichen Glauben*.

Perfektionismus ist kein unabänderliches Schicksal.

- Mit Gottes Hilfe können Perfektionisten zu glücklichen Menschen werden.
- Mit Gottes Hilfe können sie ihren Ehrgeiz, ihr Vollkommenheitsstreben und ihre Selbstüberforderung ändern.
- Mit Gottes Hilfe können sie ein Sowohl-als-Auch sehen und nicht nur ein Entweder-Oder.
- Mit Gottes Hilfe können sie zum Frieden mit sich, mit andern und zum Frieden mit ihrem Herrn finden.

Perfektionismus kann korrigiert werden, wenn mit der Einsicht eine Kurskorrektur verbunden ist.

KAPITEL 1

Die Triebfeder des Perfektionisten

Was ist die Triebfeder von Perfektionismus? Bevor wir diese Frage beantworten können, müssen wir zunächst klären: Was sind die treibenden Kräfte im Menschen überhaupt?

- Was gibt ihm Impulse,
- die ihn nach vorne ziehen,
- die ihn motivieren,
- die ihn aktiv werden lassen,
- die ihn beeinflussen, klare oder unbewusste Ziele anzusteuern?

Jeder Mensch verfolgt Ziele

Das heißt: Der Mensch verfolgt immer Ziele, die ihm nicht ständig durchschaubar sein müssen. Die Zielstrebigkeit des Menschen ist nicht nur eine Anschauung, sie ist eine Grundtatsache seiner Existenz.

- Immer will der Mensch etwas erreichen,
- strebt der Mensch etwas an,
- setzt ihn etwas in Bewegung,
- machen ihn Motive mobil.

Vielleicht wenden Sie ein: »Moment mal, da gibt es Menschen, die wollen gar nichts mehr tun, die wollen sterben.«

Richtig. Aber verfolgen sie keine Ziele, wenn sie sterben wollen?

Macht euch die Erde untertan!

In den ersen Versen macht Gott deutlich, was er vom Menschen erwartet und wozu er ihn in die Welt gesetzt hat:

> Dann sagte Gott: »Nun wollen wir den Menschen machen, ein Wesen, das uns ähnlich ist! Er soll Macht haben über die Fische im Meer, über die Vögel in der Luft und über alle Tiere auf der Erde.« Gott schuf den Menschen nach seinem Bild, er schuf Mann und Frau. Er segnete die Menschen und sagte zu ihnen: »Vermehrt euch! Breitet euch über die Erde aus und nehmt sie in Besitz!« (Mose 1, 26 – 28).

Gott hat also den Menschen mit Energie, mit Macht und mit einem Lebenstrieb ausgestattet, der es ihm ermöglicht, Ziele zu verfolgen, die ER ihm genannt hat.

Wie lauten nun die Ziele dieses Bewegungsgesetzes, dieses Lebenstriebes, dieser Lebensenergie? Wenn wir das formulieren können, wird unter anderem deutlich, was der Mensch mit Perfektionismus bewusst oder unbewusst erreichen will.

In jedem Menschen sind unbewusste und bewusste Kräfte am Werk. Sie werden durch Vererbung, durch Erziehung, durch Sozialisation und durch die Schlussfolgerung, die jeder Mensch aus diesen Faktoren gezogen hat, inspiriert.

Das kleine Kind, das von Erwachsenen umgeben ist, will werden wie sie. Es verfolgt das Ziel,

- groß zu sein,
- stark zu werden,
- etwas darzustellen,
- und identifiziert sich mit Personen seiner Umgebung.

Es ist ein innerer Drang, von unten nach oben zu kommen, aus dem Kleinsein ein Großsein zu entwickeln. Oder anders ausgedrückt:

- Das Kind strebt Überlegenheit an,
- das Kind will sich zeigen,
- das Kind sucht Selbsterhöhung,
- das Kind demonstriert ein Verlangen, sich selbst, die anderen und die Welt – im weitesten Sinne – zu beherrschen.

Ein Weg, Überlegenheit zu gewinnen, ist Perfektionismus

Gott hat den Menschen in die Welt gesetzt, sich die Erde untertan zu machen. Im Paradies hat ihm die Sünde allerdings einen bitteren Streich gespielt. Gute, positive und menschenfreundliche Strategien sind nun mit negativen und destruktiven Verhaltensmustern durchsetzt. Seit der Vertreibung aus dem Paradies hat der Mensch lebensfeindliche, selbstschädigende und krank machende Einstellungsmuster entwickelt, die bis heute dem Mitmenschen und dem Menschen selbst zu schaffen machen.

Dazu zählt auch der *Perfektionismus*.

Weil dem Leben ein immanentes Streben

- nach Sicherheit,
- nach Überlegenheit,
- nach Vollkommenheit,
- nach Fehlerlosigkeit und
- nach Gottähnlichkeit

innewohnt, entwickeln viele Menschen einen unbeschreiblichen Ehrgeiz, andere durch ein Vollkommenheitsstreben zu übertrumpfen.

Konkurrenzkampf und Perfektionismus

Der Konkurrenzkampf wird gefordert und gefördert, um die Fähigen zu einer größeren Arbeitsleistung anzustacheln. Eine gehobene Stellung wird ihnen versprochen. So wird der Beruf weniger als Beitragsleistung für die Gemeinschaft, für die Gesellschaft, für den Leib Christi gewertet, sondern vielmehr als Belastung im Prestigekampf gesehen und empfunden.

Je höher die Stellung, desto höher das Ansehen, das Prestige. Und das Ergebnis?

Der Konkurrenzkampf, oft verbunden mit Ehrgeiz und Perfektionismus, treibt viele Menschen an, macht sie krank und unglücklich. Einer glaubt, den anderen überholen zu müssen.

Auf der Strecke bleiben das Gemeinschaftsgefühl und die Nächstenliebe.

– Die Angst zu versagen,
– die Angst, dem Stress nicht gewachsen zu sein,
– die Angst, das Erreichte nicht halten zu können,
– die Angst, den Arbeitsplatz zu verlieren,

treibt viele in den Zusammenbruch, in den Burn-out.

Der bedeutende Psychiater und Psychotherapeut Rudolf Dreikurs konnte schon Ende der sechziger Jahre des vorigen Jahrhunderts schreiben:

»Unsere Strafanstalten, unsere Nervenheilanstalten und Spitäler sind mit überehrgeizigen Menschen bevölkert, deren

Versagen im Leben direkt auf ihren übermäßigen Ehrgeiz zurückgeführt werden kann.«

Wenn Ehrgeiz sich dann noch mit Perfektionismus verbindet, ist das Maß voll. Die offenen und versteckten Ziele dieses Überanspruchs treiben Menschen in psychosomatische Störungen und Krankheiten, weil das Ziel, einen sinnvollen Arbeitsbeitrag für die Gemeinschaft zu leisten, verfehlt wird.

Was ist der Sinn unseres Lebens?

Wenn wir Gott über alles lieben und unseren Nächsten wie uns selbst. In diesen beiden Bestrebungen kommt der Sinn unseres Lebens zum Ausdruck.

– Jede Übertreibung durch Ehrgeiz und Perfektionismus ist eine Zielverfehlung,
– jede Übertreibung ist Egoismus und Selbstsucht,
– jede Übertreibung untergräbt unsere Gesundheit,
– jede dieser Übertreibungen ist Sünde.

Viele Perfektionisten sind auf Fehlersuche programmiert. Wie hängt das zusammen?

Wer von Ehrgeiz und Konkurrenzstreben beherrscht wird, hat immer wieder das Gefühl, zu versagen und überrundet zu werden.

Minderwertigkeitsgefühle und Selbstwertstörungen untergraben das Selbstvertrauen. Unzulänglichkeitsgefühle und Selbstanklagen reißen den Menschen in die Depression. Zufriedenheit und Gelassenheit haben diesen Menschen den Rücken gekehrt. Sie stehen ständig unter Dampf und reagieren hektisch.

Warum?

- Sie sehen den Mangel und nicht den Erfolg,
- sie sehen die Probleme und nicht ihre Lösung,
- sie sehen die Größe ihres Versagens und nicht die Größe Gottes.

Es leuchtet ein, dass man sich so krank machen kann. Der Mensch führt Krieg gegen sich. Er zerstört seine Gesundheit und ruiniert sein Leben. Der Sinn seines Lebens ist verfehlt.

Aber was gibt dem Dasein Sinn? Wovon lebt der Mensch?

In seinem Roman »Krebsstation« beschreibt Alexander Solschenizyn den Mann Jefrem, einen ungeschlachten Burschen, der durch den Krankensaal geht und alle Menschen fragt, wovon sie denn nun leben. Schwierige Frage! »Von der Luft«, meint einer.

»Vom Wasser und vom Essen«, ein anderer. »Vom Arbeitslohn oder von der Qualifikation«, meinen wieder andere. Jefrem gibt sich nicht zufrieden. »Von der Heimat«, meint einer, »daheim ist alles leichter.« Jefrem fragt nun den Funktionär, der gerade ein Hühnerbein abnagt. »Darüber kann doch kein Zweifel sein«, erwidert der ohne Zögern, »die Menschen leben von der Ideologie und den gesellschaftlichen Interessen.«

Reicht das aus? Was ist der Sinn des Lebens? Wofür leben wir?

Wenn Ehrgeiz und Perfektion das Leben motivieren

Auf der Krebsstation schauen viele dem Tod ins Auge. Und bei uns? Viele fragen nicht, sie schuften. Und wenn man schuftet, bleibt keine Zeit zum Nachdenken. Der Ehrgeiz treibt einen vorwärts, wohin auch immer. Man will etwas

erreichen, man will überlegen sein, man will Besitz schaffen. Man will dazugehören.

In der Beratung und Seelsorge sind mir immer wieder
Menschen begegnet, die sich überarbeitet haben. Sie powern
irrealen Zielen entgegen. Wenn dann der Organismus
streikt, wenn seelische oder körperliche Krankheiten den
so genannten »Fortschritt« stoppen, dann gibt es ein böses
Erwachen.

Fragen tauchen auf:

- Was mache ich eigentlich?
- Was will ich zutiefst erreichen?
- Welche sinnvollen Ziele strebe ich an?
- Ist Arbeit der Sinn des Lebens?

Hitler ließ über dem Eingang zu einigen Konzentrations-
lagern in weithin sichtbaren Buchstaben den provozieren-
den Satz »Arbeit macht frei!« anbringen. Eine Unver-
schämtheit!

Wer arbeitet, ist beschäftigt und kommt nicht auf dumme
Gedanken. Auch heute gilt:

- Wer schwer arbeitet, hat keine Zeit, über sein Leben
  nachzudenken.
- Wer schuftet, fragt nicht. Das Tier wird getrieben, der
  Mensch kann fragen.
- Wer wie ein Besessener arbeitet, verdrängt die exis-
  tenziellen Fragen nach dem Leben, dem Sinn und
  dem Warum.

Auch da erscheint der Teufel als geschickter Durcheinanderbringer.

Skepsis und Skeptizismus haben sich als Prinzip weltweit breitgemacht. Skepsis bedeutet in Wirklichkeit: *Sich*

der Wahrheit stellen. Skepsis ist kein Synonym für Unglauben. Der wahre Skeptiker stellt sich der Wahrheit. Und diese Wahrheit ist Christus und der christliche Glaube. Wer Christus vertraut, wird über Arbeit, über Ehrgeiz und Perfektionismus eine veränderte Sicht bekommen.

Darum sollen im nächsten Kapitel die vielen Gesichter des Perfektionismus, um nicht zu sagen die Fratzen des Vollkommenheitsstrebens, untersucht werden.

KAPITEL 2

Perfektionismus hat viele Gesichter

Den Perfektionismus gibt es nicht. Sein Erscheinungsbild ist vielschichtig, seine Ausdrucksformen zahlreich.

Jeder ist seines Stresses Schmied

Perfektionismus ist eine schlechte Angewohnheit. Er kann unser Denken und Handeln bestimmen.

Wie sagte schon der römische Kaiser und Philosoph Marc Aurel vor ein paar tausend Jahren: »Nicht die Tatsachen entscheiden über unser Leben, sondern wie wir sie deuten.«

- Unsere *Gedanken* machen eine Sache gut oder schlecht.
- Unsere *Gedanken* beflügeln oder lähmen uns.
- Unsere *Gedanken* machen uns gelassen oder produzieren einen inneren Aufruhr.

Eine nachdenkliche Geschichte kommentiert diese Aussage:

Es war einmal ein Mann. Man nannte ihn Adam. Er hatte viele Jahre mehr schlecht als recht gelebt. Viele Probleme trieben ihn um, über die er sich Gedanken machte und die ihn über die Maßen stressten. Alle Kleinigkeiten dramatisierte er. Das machte schließlich ein Nervenbündel aus ihm.

Eines Tages bekam er Krebs. Zuerst wurde er operiert und dann mit Strahlen behandelt. Leider blieben alle Eingriffe erfolglos. Er siechte dahin und der Tod klopfte an seine Tür.

Kurz vor dem Sterben, sein handgeschriebenes Testament lag neben ihm, zog sein Leben noch einmal wie ein Film an seinem inneren Auge vorbei. Einige Ereignisse machten ihn hellhörig. Ein erster Freund, er war zehn Jahre alt, hatte sich über ihn lustig gemacht. Jedenfalls glaubte er das. Er trennte sich von ihm und wollte ihn sein Leben lang nicht wiedersehen. Mit 17 Jahren verliebte er sich das erste Mal. Das Mädchen hielt ein Rendezvous nicht ein und er wandte sich enttäuscht und verbittert von ihm ab. Ein Jahr lang war er untröstlich. Als er verheiratet war und die Katze des Nachbarn auf sein gepflegtes Rosenbeet einen Haufen setzte, führte er einen erbitterten Rechtsstreit, der ihm den ersten Herzinfarkt bescherte. Viele Beispiele mit ähnlichen Reaktionen streiften sein Gehirn. Er schüttelte den Kopf und musste ernsthaft lachen. Dann nahm er seinen Füllfederhalter und schrieb seinen Kindern folgenden Satz ins Testament: »Ihr Lieben, denkt immer daran, im Angesicht der Ewigkeit sind tausend Probleme unseres Lebens, die wir viel zu wichtig genommen haben, wie ein Windhauch – ohne jede Bedeutung.«

Adam hat recht. Im Angesicht des Todes sind die meisten Probleme unseres Lebens, die wir verstärkt dramatisiert, zergrübelt und aufgeblasen haben, völlig überflüssige Aufregungen.

Es sind also *negative Gedanken*, die den eigentlichen Stress beinhalten. Perfektionismus ist *ein* hässlicher Stressfaktor, der unser Leben einschnürt, es belastet und viele Energien unnötig auffrisst. Aber hinter dem Perfektionismus steckt eine falsche Leitidee:

- »Nur wenn du vollkommen bist, hat man dich lieb!«
- »Nur wenn du fehlerfrei arbeitest, kannst du bestehen!«
- »Gut ist nicht gut genug. Hol das Letzte aus dir heraus!«

Dieser innere Antreiber kann sich lebensbedrohlich auswirken.

Der introvertierte und der extrovertierte Perfektionist

Da ist Frau Fischer. Eine penetrant ordentliche und zuverlässige Frau. Sie ist Buchhalterin in einer Textilfirma und bei der Firmenleitung beliebt. Ihre Arbeit ist einwandfrei. Wenn sie nicht fertig wird, macht sie Überstunden. Sie will die Arbeit erledigen. Was nicht erledigt ist, bereitet ihr enorme Kopfschmerzen. Am Ende des Jahres war ihr »ein kleiner Patzer« bei der Jahresabschlussbilanz unterlaufen. Sie war untröstlich. Die Firmenleitung beklagte sich nicht, aber Frau Fischer lag mit sich im Krieg. Sie konnte zu Hause ihren Haushalt nicht schaffen, war unglücklich und nicht zu genießen.

»Ich bin eine dumme Pute. Der Fehler hätte nicht geschehen dürfen. Eine ordentliche Buchhalterin ist gegen solche Fehler gefeit. Wenn mir das wieder passiert, werfen mich die Chefs raus. Ein Buchhalter muss perfekt sein, sonst kann er gleich gehen.«

Was sind die Kennzeichen eines *introvertierten Perfektionisten*?

- Er ist unerbittlich gegen sich selbst.
- Er kann sich Fehler und Sünden nicht vergeben.

– Er kann Fehler bei anderen entschuldigen, aber nicht bei sich.
– Er wertet sich selbst ab.
– Er leidet an sich.

Herr Weber ist ein *extrovertierter Perfektionist*. Er ist Kontrolleur in einer Elektrofirma. Er ist genau und überkorrekt. Aber er hat eine Schwäche. Ihn ärgert ungemein, wenn eine Kollegin oder ein Kollege etwas vergisst. Jede Großzügigkeit des anderen ist ihm ein Dorn im Auge. Als Kontrolleur – auf diesem Posten ist er goldrichtig – sieht er alles, hört er alles und weiß alles. Seine Kollegen meiden ihn, weil sie in ihm einen »Stänkerer« sehen. Den Spitznamen trägt er seit Jahren. Wenn in der Firma von »Stänker« die Rede ist, weiß jeder, wer gemeint ist.

Herr Weber ist verheiratet und hat zwei Söhne von 13 und 15 Jahren. Das Verhältnis zu ihnen ist mehr als schlecht. Wenn der Vater nach Hause kommt, geht die Kritik los. Irgendwas findet er immer. Einer seiner Söhne hat ihm eines Tages das böse Wort in Riesenlettern an sein Arbeitszimmer geheftet: »Wer sucht, der findet. Wer nicht sucht, findet auch immer.« Der Vater kann darüber nicht lachen. Ihn ärgert diese Kritik, weil er darin eine unverschämte Rebellion sieht.

Was sind die Kennzeichen eines *extrovertierten Perfektionisten*?

– Er sieht bei andern Fehler und Schwächen.
– Er kritisiert die Unvollkommenheiten anderer.
– Er kann sich leichter verzeihen.
– Er macht lieber die Arbeit selbst, um nicht die Unvollkommenheit anderer ertragen zu müssen.
– Er hat ständig Schwierigkeiten mit anderen Menschen.
– Er leidet an anderen.

Perfektionismus: Irrationale Idee Nr. 11

Der amerikanische Therapeut Dr. Albert Ellis, der Begründer der Rational-Emotiven-Therapie, hat in einem seiner Bücher elf »irrationale Ideen« veröffentlicht, die psychische Störungen verursachen und aufrechterhalten. Er geht davon aus, dass wir in unseren Familien und in unserer Gesellschaft von abergläubischen und unsinnigen Ideen indoktriniert werden. Solche Vorurteile und irrationalen Vorstellungen gelten als Hauptursache für Neurosen, Verhaltensauffälligkeiten und psychosomatische Störungen. Die Formulierung der irrationalen Idee Nr. 11 lautet:

»Die Vorstellung, dass es für jedes menschliche Problem eine absolut richtige, perfekte Lösung gibt und dass es eine Katastrophe sei, wenn diese perfekte Lösung nicht gefunden wird.«[1]

In der Welt der Unvollkommenheit und Unsicherheit glauben viele Menschen, nicht glücklich sein zu können. Sie suchen Sicherheit, absolute Beherrschung der Lage, die vollkommene Wahrheit und die totale Kontrolle.

Alle diese »irrationalen Überzeugungen« sind falsche Erwartungen, beinhalten übertriebene Hoffnungen und enden in großen Enttäuschungen. Ellis geht davon aus, dass der Mensch, der diesen »irrationalen Ideen« nachläuft, genau die Katastrophe herbeiführt, die er vermeiden will. Irren ist menschlich und perfektionistische Lösungen werden zum Albtraum.

Perfektionismus und Magersucht

Überall wird deutlich: *Den* Perfektionismus gibt es nicht. Es gibt lediglich verschiedene Perfektionismus-Aspekte, die bei unterschiedlichen Personen spürbar werden.

Da sind die Magersüchtigen. Sie haben perfektionistische Neigungen. Wahrscheinlich ist ihr Vollkommenheitsstreben eine der Hauptwurzeln für ihr Elend. Sie haben die Überzeugung, sie seien zu dick und nicht gut genug.

Sandra Litty, eine ehemalige Magersüchtige, schrieb über ihr Leben:

»Ich war weit gelaufen auf dem Weg, den ich meinen eigenen nannte, denn ich hatte ihn selber gewählt. Ich perfektionierte alles in meinem Leben, weil Perfektion das Ziel unserer Gesellschaft ist. Ich wanderte jahrelang auf meinem Weg, wollte es allen Menschen recht machen, wollte gut sein, alle Erwartungen erfüllen und Anerkennung sammeln, um mich selber zu mögen. Ich wurde mehr und mehr von meinen Fähigkeiten und – schlimmer noch – von den Unfähigkeiten abhängig. Wie konnte es anders kommen: Ich musste versagen, immer wieder fallen, denn wer kann diese Ansprüche schon erfüllen? ... Auch als ich schon viele Bereiche meines Lebens von dem Zwang zur Perfektion befreit hatte, stand das Essen noch unter meiner Herrschaft. Alles hatte ich weggeworfen, aber die Herrschaft über meinen Körper wollte ich nicht aufgeben.«[2]

Unmissverständlich spricht die Magersüchtige über ihren Perfektionismus. Die Ansprüche sind neurotisch. Das Vollkommenheitsstreben ist lebensfeindlich. Der Zusammenbruch des Lebenswillens voraussehbar. Wie geht die Magersüchtige damit um?

Sandra Litty beschreibt es so: »Wäre ich dick, dann müsste ich vor Gram vergehen. Doch was soll ich tun? Die einzige Alternative war Selbstmord.«[3]

Sie wurde wie ein Wunder davor bewahrt, aber der Weg war vorgezeichnet. Wer perfektionistische Ziele anstrebt, landet in einer Sackgasse. Die Anstrengungen sind übermenschlich und die Ziele überspannt.

Perfektionismus und Kontrolle

Eine Spielart des Perfektionismus ist Kontrolle. Kontrolle gehört zu bestimmten Lebensstil-Leitmelodien. Sie kennzeichnen die Einmaligkeit dieses Menschen.

- Sie zeigen, was dieser Mensch am *höchsten bewundert.*
- Sie zeigen, was dieser Mensch am *intensivsten anstrebt.*
- Sie zeigen, was dieser Mensch auf alle Fälle *vermeiden will.*

Die Lebensstil-Leitmelodie Kontrolle spiegelt ein Bewegungsgesetz des Menschen wider, eine Stellungnahme zu den Lebensproblemen und zum Zusammenleben in der Gemeinschaft. Man kann sie auch Prioritäten nennen. Prioritäten sind also hervorstechende Eigenschaften, Verhaltens- und Einstellungsmuster, die diesen Menschen besonders wichtig sind.

Die Priorität Kontrolle kennzeichnet ein Wesensmerkmal des Perfektionisten. Dieser Mensch wünscht sich

- Sicherheit,
- überschaubare Verhältnisse,
- Ordnung und Gewissenhaftigkeit,
- Schutz vor unvorhersehbaren Ereignissen.

Kontrolle kann mehr das *eigene Leben* oder das Leben *der andern* betreffen. Der Kontrolleur kann in erster Linie auf Selbstkontrolle oder auf Kontrolle der anderen Wert legen. Wer in erster Linie *sich* im Auge hat, legt auf Gradlinigkeit, Pflichtbewusstsein und Prinzipientreue im eigenen Leben Wert. Er will vorbildhaft und zuverlässig erscheinen. Sein Leben soll berechenbar sein. Wer primär Kontrolle *über* andere Menschen gewinnen will, kann zum Tyrannen werden. Er reglementiert und bevormundet seine Kinder, den Partner und seine Mitarbeiter. Diese Form des Perfektionismus reizt zum Widerspruch. Sie fördert Rebellion und Widerstand. Beruflich können solche Menschen viel leisten, nur, ihre Beziehungsfähigkeit ist in der Regel schwach entwickelt.

Der Kontrolleur, der andere kontrollieren will, hat es schwer, sich Gott auszuliefern. Er will sich und sein Leben im Griff haben und nicht abhängig sein. Er fürchtet, von Gott reglementiert und kontrolliert zu werden.

Was ist ein Perfektionist?

- Er ist tadellos.
- Er ist makellos.
- Er ist fehlerfrei.
- Er ist außerordentlich.
- Er ist übergewissenhaft.
- Er ist pingelig.
- Er ist ein Buchstabendenker.
- Er ist ein Sophist.
- Er kann zum Wortklauber werden.
- Er denkt und handelt moralistisch.
- Er vertritt sehr hohe Maßstäbe.
- Er strebt das Vortreffliche an.
- Er tendiert zur Vollkommenheit.
- Er will sich nichts zuschulden kommen lassen.
- Er hat hochgesteckte Erwartungen.
- Er treibt sich selbst zum unerreichten Ziel an.
- Er will alles hundertprozentig machen.

Perfektionisten sind Menschen, die etwas so gut machen wollen, dass es möglichst nicht mehr zu verbessern ist.

Der Perfektionismuswahn

In einem Brief von Gesine Bauer lese ich einen Beitrag, der überschrieben ist: »Tödlicher Perfektionismuswahn«.

Wörtlich heißt es bei ihr: »Ein perfektes Paar, heißt es im Bekanntenkreis. Beide wissen alles übereinander, reden über alles miteinander, sie perfektionieren ihre Körper in demselben Fitness-Center und ihre Karriere nach demselben Strickmuster. Alles, was nicht perfekt ist, wird mit der Gründlichkeit ausgemerzt, mit dem ergrimmte Hobbygärtner resistentem Unkraut zu Leibe rücken. Sie lesen Bücher über Partnerschaft und kehren nie den Dreck unters Sofa.

Die Kinder kommen, alle hübsch, gesund und intelligent, und vor allem perfekt erzogen. Die Schulden fürs Haus sind abbezahlt, keiner geht fremd, beide haben Erfolg. Ein perfektes Paar im perfekten Glück.

Und dann plötzlich ist es aus. Der Freundeskreis des perfekten Paares zerfällt in zwei Teile: In einem schimpft sie unflätig über ihn, packt wochenlang so viel Übles aus, dass allen schon davon schlecht ist, und im anderen Teil praktiziert er das Gleiche mit umgekehrten Vorzeichen. Was ist da passiert?

War alles nur ein einziges Betrugsmanöver, was da wie Liebe aussah? Wer ist schuld an diesem Scherbenhaufen? Schuld ist nur einer: der partnerschaftliche Perfektionismuswahn.«[4]

Perfektionismus ist ein gefährlicher Bazillus. Alles muss perfekt und komplett sein. In der Lexikonreihe darf kein Stück fehlen, das Gläserservice muss vollständig und die Videothek fehlerfrei sein. Die Partnerschaftsdevise heißt: Glück ist, wenn nichts mehr fehlt. Alles ist fehler- und keimfrei.

Alle Winkel werden vom Staub befreit. Jeder Bazillus wird an die Luft befördert. Die Liebe hält das nicht aus. Perfektionismus evakuiert die Liebe. Sie kommt ins Schleudern, ihr geht die Luft aus. Perfektionismus ist ein Liebeskiller. Perfektionismus ist ein radikales Desinfektionsmittel. Mit Staub und Unordnung ist auch die Liebe weggeschrubbt.

- Beide sind perfekt.
- Beide sind erschöpft.
- Beide sind überarbeitet.
- Beide kapitulieren.

Sehr schön hat der Entertainer Otto Waalkes die perfekte Hausfrau auf die Schippe genommen. Übertrieben ahmt er sie nach. Sie schrubbt und saugt, poliert und desinfiziert. Und dann hört Otto eine Stimme: »Es ist sauber, aber noch nicht rein!«

Otto stürzt sich erneut mit Feuereifer in die Arbeit. Und wieder ertönt die Stimme im Hintergrund. Endlich versteht der Zwangsneurotiker: Seine Arbeit ist unnütz, solange er selbst im Raum ist. Er ist der Unsaubere, der die Reinheit verhindert. Als er die Küche verlässt, hört er eine triumphierende Stimme: »Jetzt ist alles rein.«

Wer scheuert und putzt, desinfiziert und blank poliert, lenkt von sich ab. Er sieht den Schmutz draußen. Er projiziert seinen Schmutz in die Welt. Fanatisch stürzt er sich auf die Säuberung der Umwelt und die Innenverschmutzung bleibt im Dunkeln.

In der Partnerschaft ist das nicht anders. Mit Röntgenblicken wird der andere durchleuchtet. Alle Staubfänger werden unters Mikroskop gezerrt. Es wird geputzt, kritisiert und Staub aufgewirbelt. Zärtlichkeit und Liebe werden ausgefegt. Zurück bleibt ein steriles Paar, das keimfrei in seinen vier Wänden haust.

– Die Liebe hat das Weite gesucht.
– Die Liebe ist desinfiziert.
– Die Liebe hat dem Perfektionismus Platz gemacht.

Perfektionismus und Depression

Es ist signifikant, dass viele depressive Menschen mit Perfektionismus zu tun haben. Depressive Menschen sind geistlich tiefgründig. Sie wollen ernst und ehrlich und nicht oberflächlich ihren Glauben leben.

Der amerikanische Theologe und Seelsorger David Seamands charakterisiert diese Menschen folgendermaßen:

»Es gibt viele verschiedene Arten von Depressionen. Sie unterscheiden sich in ihrer Stärke sehr voneinander. Ich möchte unser Augenmerk auf eine Art Depression richten, die durch ein angeschlagenes Gefühlsleben entsteht, vor allem durch eine geistliche Verzerrung, die man Vollkommenheitsstreben nennt – mit einem Fremdwort: Perfektionismus. … Das Vollkommenheitsstreben ist eine Nachäffung der Glaubensvollkommenheit. Anstatt uns zu heiligen Menschen und ausgeglichenen Persönlichkeiten zu machen – das heißt, zu ganzen Menschen in Christus –, macht das Vollkommenheitsstreben uns zu Pharisäern und Neurotikern.«[5]

In Seamands Augen ist das Vollkommenheitsstreben das »beunruhigendste seelische Problem« unter gläubigen Christen. Woher kommt das?

■ Viele Christen haben das Gefühl, nicht genug getan zu haben.
■ Viele Christen haben das Gefühl, sie müssten mehr leisten und mehr können.

- Viele Christen haben das Gefühl, sie gelten nichts und leiden unter einem niedrigen Selbstwert.
- Viele Christen haben das Gefühl, sie können sich abrackern und reichen doch nie aus.
- Viele Christen haben das Gefühl, dass Schuld, Furchtsamkeit und Selbstverdammung ständig wie ein Damokles-Schwert über ihren Häuptern schweben.

Viele Christen, die eine depressive Struktur widerspiegeln, haben ein überempfindliches Gewissen, reagieren mit übergroßen Schuldgefühlen und neigen zur Gesetzlichkeit. In ihrer Gesetzlichkeit schwingt große Angst mit. Sie klammern sich an Äußerlichkeiten, an Gebote und Verbote, und überbetonen alle Bestimmungen. Je größer das Vollkommenheitsstreben, desto zerbrechlicher das Gewissen. Je größer der Perfektionismus, desto niedriger das Selbstwertgefühl.

Perfektionismus – Ehrgeiz – Depression
Ein Selbsterforschungsfragebogen

	stimmt	stimmt nicht
Auch wenn ich sehr aktiv bin, spüre ich trotzdem eine innere Leere.		
Wenn ich viel Erfolg habe, erwarte ich trotzdem wenig Befriedigung.		
Wenn ich Schwachstellen erkenne, strenge ich mich doppelt an.		
Wenn ich vollen Einsatz aufbiete, stellt sich keine Zufriedenheit ein.		
Ich fühle mich wie ein Hamster im Laufrad, ich komme nicht richtig vorwärts.		

	stimmt	stimmt nicht
Wenn ich Ruhe und Muße habe, werde ich trotzdem nervös.		
Wenn ich auf vollen Touren laufe, geht es mir einigermaßen gut.		
Wenn ich intensiv Fitness-Training und Sport betreibe, fühle ich mich am wohlsten.		
Wenn ich im Sport bis zur Erschöpfung kämpfe, erlebe ich für Augenblicke Befriedigung.		
Wenn ich voll engagiert bin, bin ich nicht mit meinen Problemen allein.		
Wenn ich viel leiste und Erfolg habe, kann ich mich trotzdem nicht richtig freuen.		
Wenn ich zur Ruhe komme, überfällt mich ein nachhaltiges Grübeln.		
Wenn ich durch Arbeit, Gefordert-Werden und Stress ausgefüllt bin, ist das die beste Ablenkung.		
Wenn ich auf andere höre, sagen sie, dass ich mich ständig überfordere.		
Wenn ich mich hängen lasse, geht es mir noch schlechter.		
Wenn ich besser schlafen könnte, ginge es mir besser.		
Wenn ich schlechte Laune bekomme, stürze ich mich in Arbeit.		
Wenn ich auch unzufrieden bin, ich zeige nach Möglichkeit immer ein freundliches Gesicht.		

Hinweise für den Selbsterforschungsfragebogen
»Perfektionismus – Ehrgeiz – Depression«

- Füllen Sie die Aussagen ehrlich aus. Sie beinhalten Tendenzen und keine wissenschaftlich exakten Ergebnisse. Wenn Sie im Zweifel sind, ob Sie »stimmt« oder »falsch« anstreichen sollten, überprüfen Sie, wohin Ihr Gefühl stärker neigt.
- Perfektionismus, Ehrgeiz und Depression sind miteinander verschwistert. Die eine Persönlichkeitseigenart unterstützt in der Regel die andere. Im Grunde sind alle vorgestellten Aussagen problematisch. Sie zeigen den gestressten, ehrgeizigen und perfektionistischen Menschen. Auch wenn die Arbeit den Betreffenden auffrisst und Freude macht, sind die Gefahren nicht damit abgewendet.
- Je mehr Sie »Stimmt«-Antworten gegeben haben, desto eher haben Sie mit depressiven Symptomen zu tun. Wenn Sie mehr als zehn »Stimmt«-Antworten zählen, ist es ratsam, sich mit einem Facharzt bzw. mit einem Therapeuten oder einem Fachseelsorger zu unterhalten.
- Die Selbstüberforderung kann leicht zu körperlichen Symptomen und Krankheiten führen bzw. zu seelischen Zusammenbrüchen und zum Burn-out.

Anzeichen für eine Überforderung sind:

- das Gefühl der Erschöpfung und völlige Durchhänger;
- das Gefühl, nicht weiter durchhalten zu können;
- das Gefühl, nicht abschalten zu können;
- das Gefühl, bedroht zu werden, Angst vor Schlaflosigkeit und Albträumen;

- das Gefühl, von anderen Menschen bedrängt und eingeengt zu werden;
- das Gefühl, von unbestimmten Ängsten heimgesucht zu werden.

Perfektionismus und Zorn

Wer dem Perfektionismus huldigt, produziert im tiefsten Herzen Zorn. Wie ist dieser Zorn zu verstehen? Es ist ein Zorn, der sich schwergewichtig gegen Gott richtet. In den Augen des Perfektionisten

- ist Gott der Fordernde,
- ist Gott der mit uns Unzufriedene,
- ist Gott der Grausame, der die Messlatte höher und höher legt.

Es unterliegt keinem Zweifel, dass der Perfektionist eine Karikatur von Gott aufgestellt hat. Der Perfektionist terrorisiert sich selbst und schiebt dem lebendigen Gott die Verantwortung in die Schuhe.

Da aber perfektionistische Christen nicht zornig sein dürfen, unterdrücken sie ihren Zorn und schieben ihn ins Unbewusste ab. Es entstehen seelische Störungen, der Stress schädigt das Organsystem und der innere Druck entlädt sich in schwachen Körperteilen.

Der Franziskanerpater Richard Rohr hat in seinen Erfahrungen mit dem »Enneagramm« sich selbst charakterisiert:

»Es ist für mich als EINS am leichtesten, meine eigene Sünde zu beschreiben. Irgendwann in unserem Leben haben wir die Überzeugung gewonnen, dass nur Vollkommenes liebenswert ist. Man muss das Recht, geliebt zu werden, verdienen. Es ist für EINSer schwer, sich vorzustellen, dass

Unvollkommenes und Gebrochenes Liebe verdienen. ...
Die EINS ist fortwährend von der Realität enttäuscht, weil
sie immer hofft: Jetzt kommt endlich mal was Vollkommenes! Diese Enttäuschung verdichtet sich zur Wut. Es ist
nicht die Wut auf irgendetwas Bestimmtes, sondern ein
gestaltloser, universeller Ärger, der Ärger über die Unvollkommenheit der Welt.«[6]

Richard Rohr ist sich im Klaren darüber, dass dieser
Zorn vorzüglich getarnt wird mit Idealismus und Eifer. Der
Christ mit Perfektionismus sieht seine Unvollkommenheit
und glaubt, dass Gott nur Vollkommene lieben kann. Darum rackert er sich ab. Er lebt so, als müsste er sich das
Himmelreich verdienen. Er weiß es mit dem Kopf, aber mit
Füßen, Mund und Händen tut er das Gegenteil. Seine Wurzelsünde ist der Zorn. Richard Rohr hat diese Wurzelsünde
auch bei sich erkannt.

Perfektionismus und Unzufriedenheit

Der Perfektionist ist in seinem Vollkommenheitsstreben
niemals ein zufriedener Mensch. Zufrieden kann er nicht
sein, weil alles, was er denkt, fühlt, glaubt oder tut, verbesserungswürdig ist. Der Versuch, perfekt zu sein, beinhaltet
eine enorme Anspannung. Der Mensch fühlt sich ausge-
laugt und kann sein Resultat nicht genießen. Die Logik des
Perfektionisten lautet:

- »Wenn ich es vollkommen schaffe, kann ich mich
  annehmen.«
- »Wenn ich es perfekt hinkriege, fühle ich mich gut.«
- »Wenn es mir vollkommen gelingt, bekomme ich die
  notwendige Anerkennung.«

Weil er seine Ziele nicht perfekt erreicht, bleibt er unglücklich und unzufrieden. Glück spiegelt Zufriedenheit wider. Aber glücklich kann er nicht sein, weil ihm das meiste nicht glücklich gelingt.

Zufriedenheit hat mit Frieden zu tun. Der Zufriedene hat Frieden in sich, mit den anderen und mit Gott. Der Unzufriedene liegt im Streit mit sich, mit den anderen und mit Gott. Seine Friedlosigkeit ist sein Markenzeichen. Friede ist ein hebräisch-aramäisches Wort und bedeutet einen Zustand, in dem man unversehrt, unbeschädigt ist, in dem man keinen feindlichen Angriffen von innen und außen ausgesetzt ist. Andererseits hat Friede auch die Bedeutung von »gutem Einvernehmen«, »verbunden sein« und Gemeinschaft mit Freunden, Nachbarn und Familienangehörigen. Noch heute lautet der Gruß im Orient: »Friede sei mit dir.«

Und diesen umfassenden Frieden vermisst der Perfektionist. Er fühlt sich inneren und äußeren Anfeindungen ausgesetzt. Ihm fehlen die innere Ruhe, die Ausgeglichenheit und das »gute Einvernehmen« mit sich, mit den anderen und mit Gott.

Perfektionismus oder die Ich-sollte-Tyrannei

Perfektionisten haben oft ein entsprechendes Vokabular. Es gibt Ausdrücke, die bei ihnen ständig wiederkehren.

- »Ich muss …«
- »Ich müsste eigentlich …«
- »Ich sollte …«
- »Ich darf nicht …«

Perfektionisten laufen absoluten Forderungen hinterher. Ständig machen sie sich Vorhaltungen und nörgeln an sich herum.

- »Ich *muss* meine Mutter anrufen. Ihr geht es nicht gut.«
- »Ich *müsste* unbedingt Herrn X einen Brief schreiben. Das bin ich ihm schuldig.«
- »Ich *sollte* weniger essen. Mein Cholesterinspiegel ist zu hoch.«

Die Ausdrücke verraten, dass ein Zwang im Hintergrund steht. Jemand sitzt diesen Menschen im Nacken und treibt sie an. Wer diese Ausdrücke verwendet, versetzt sich in die Rolle des Opfers. Auf der anderen Seite wird ein großer Widerstand deutlich. Freiwillig tut er es nicht.

Wer sich ernsthaft entschieden hat, dieses zu tun und jenes zu lassen, sagt:

- »Ich *werde* heute einen Brief schreiben!«
- »Ich *will* gleich die Arbeit in Angriff nehmen!«
- »Ich *habe beschlossen*, dieses oder jenes zu tun.«

Seelsorger sollten ernsthaft den Ratsuchenden hinterfragen, wenn er »Muss-Sätze« oder »Sollte-Sätze« formuliert.

- »Sie benutzen den Begriff ›müsste eigentlich‹. Was wollen Sie damit ausdrücken?«
- »Sie formulieren ›Ich sollte‹. Was tun Sie wirklich und wie gehen Sie mit solchen Gewissensansprüchen um?«

In den Sollte-Sätzen und Muss-Sätzen schwingt die Unzufriedenheit mit. Der Perfektionist leidet unter Kompromis-

sen. Er will nicht einigermaßen arbeiten, er will hundertprozentig arbeiten. Er will nicht halbwegs glauben, sondern felsenfest seinen Glauben bekennen.

In den Formulierungen der Perfektionisten schimmern
Schuldgefühle durch. Er ist hinter den Maßstäben, die
andere ihm gesetzt haben oder die er sich selbst zumu-
tet, zurückgeblieben. Alfred Adler hat den Satz formuliert:
»Schuldgefühle sind die guten Absichten, die wir nicht
haben.« Muss-Sätze und Sollte-Formulierungen beinhalten
Schuldgefühle, die nicht ernst zu nehmen sind. Perfektionisten leiden unter Schuldgefühlen, sie zeigen Reuege-
fühle, leiden an sich selbst, aber handeln tun sie trotzdem
nicht.

Perfektionismus und Selbstzerstörung

Der Psychotherapeut Peter Schellenbaum hat in seinem
Buch »Abschied von der Selbstzerstörung« den griechischen Heroen Sisyphos als Bild für die Selbstzerstörung, für
die Gewalt des Menschen gegen sich selbst, beschrieben.

Was ist Selbstzerstörung?

- Gewalt gegen sich selbst
- Selbstausbeutung
- Sich mit falschen Maßstäben zugrunde richten
- Härte gegen sich selbst
- Radikale Kontrolle über sich selbst gewinnen
- Sich selbst keinen Fehler verzeihen können

Sisyphos ist ein Beispiel für die Selbstzerstörung. Er muss
einen schweren Stein zum Gipfel hinaufstemmen. Mit
übermenschlicher Selbstüberwindung stößt er den Stein in

die Höhe. Die Kräfte des Heroen lassen nach, ja näher er dem Gipfel kommt. Bevor er den höchsten Punkt erreicht, nimmt das Gewicht des Steines zu. Sisyphos kann den Stein nicht mehr halten. Die schwere Last rollt zurück. Die Arbeit war vergebens. Aber der Held macht sich wieder an die unlösbare Aufgabe. Immer wieder geschieht das Missgeschick. Der Stein ist stärker, die Last drückt den Heroen. Der Held wird immer entmutigter. Er verkrampft sich.

Schellenbaum sieht in Sisyphos Menschen, die idealistisch höchste Ziele anstreben und gleichzeitig resignieren. Sie wollen unbedingt die Kontrolle in ihrem Leben behalten und fallen doch enttäuscht in die Tiefe. Der Kontrollzwang hat den Sinn, dem befürchteten Chaos entgegenzuwirken und fehlerlos Alltag und Sonntag zu bestehen.

Das Entsetzliche ist, dass der Mensch mit Vollkommenheitsvorstellungen wie ein Besessener gegen Fehler und Versagen ankämpft und dann doch enttäuscht zusammenbricht, weil ihm die Fehlerlosigkeit nicht gelingt. Es ergeht ihm wie Sisyphos, den vor dem Gipfel die Kräfte verlassen und der selbstzerstörerisch aufgibt.

Viele Perfektionisten sind *Überflieger*. Sie wollen höher, weiter und schneller fliegen als andere. Sie geben das Letzte, und wenn sie scheitern, brechen sie völlig zusammen.

Selbstzerstörung beinhaltet,

- wer nur auf die eigene Leistung schaut,
- wer sich und das Leben völlig kontrollieren will,
- wer sich ständig mit andern vergleicht und sich übernimmt,
- wer an Entscheidungen festhält, die er einmal getroffen hat, und sich nicht verändern kann.

Perfektionisten sind fehlerorientiert

Überspitzt formuliert gibt es zwei Sorten von Menschen. Die einen sind *erfolgsorientiert.* Sie glauben an sich, haben ein gutes Selbstvertrauen, packen Arbeiten ruhig und zuversichtlich an. Ihnen gelingt in der Regel ihre Arbeit. Sie haben Erfolg.

Und dann gibt es Menschen, die sind *fehlerorientiert.* Ihre Befürchtungen bremsen ihre Leistungen. Sie haben Angst, Fehler zu machen. In ihnen schwingt fortwährend die Furcht mit, zu versagen oder durchzufallen.

Perfektionismus ist eine Schuld, die viele Christen unwissend praktizieren. Sie glauben daran, tugendhaft, wahrhaftig und perfekt in der Nachfolge zu stehen. Aber sie spüren nicht, wie nörglerisch, kritisch und unzufrieden sie sind.

Friedrich Hebbel hat es einmal so formuliert: »Es gibt Leute, die nur aus dem Grunde in jeder Suppe ein Haar finden, weil sie, wenn sie davorsitzen, so lange den Kopf schütteln, bis eins hineinfällt.«

Perfektionisten, Pessimisten und Unzufriedene schütteln in der Tat den Kopf so lange, bis sie Fehler und Mängel entdecken. Perfektionisten sind fehlerorientiert. Sie glauben an Fehler und Irrtümer.

Eine Jurastudentin zählt sechs Nachteile ihres Perfektionismus auf:

- »Erstens macht er mich angespannt und nervös, dass ich manchmal nicht ausreichend Leistungen zustande bringe.
- Zweitens fehlt mir oft die für kreative Arbeit nötige Bereitschaft, auch Fehler in Kauf zu nehmen.
- Drittens hält er mich davon ab, Neues auszuprobieren.

- Viertens macht er mich zu selbstkritisch und verdirbt mir alle Freude am Leben.
- Fünftens kann ich nie entspannen, weil ich immer wieder etwas finde, was nicht perfekt ist.
- Sechstens macht er mich intolerant gegenüber anderen und man hält mich für eine Nörglerin.«

Der Perfektionist straft sich selbst und ist gnadenlos. Er lebt nicht von der Gnade Gottes. Er durchforscht sich und macht sich verrückt. Alle Freude am Leben ist verdorben. Und was hilft alle Perfektion? Es hilft nur eins, dass wir uns klarmachen: Gott ist für Sünder gestorben, das heißt für *Unvollkommene*, für Menschen mit Fehlern und Schwächen. Der Perfektionist braucht strenggenommen Jesus nicht.

- *Er* will selbst makellos und vollkommen dastehen.
- *Er* rackert sich ab und überfordert sich.
- *Er* strebt die Reinheit an und nennt es Heiligung.

Perfektionismus und Kontrollzwang

Unsere Welt ist nicht völlig sicher und vollkommen. Und kein Mensch ist frei von Fehlern und Kritik. Doch von Zeit zu Zeit erleben wir alle Tage, in denen wir übertrieben Furcht davor haben, zu versagen, geliebte Dinge oder Menschen zu verlieren, dem Druck der Verantwortung nicht gewachsen zu sein. Und wir begreifen, dass wir nicht perfekt sind.

Viele Menschen fühlen sich tief im Innern bedroht, weil sie unfähig sind, Ungewissheit und Unvollkommenheit zu tolerieren. Ist es nicht auffällig, dass etwa 5 Millionen Amerikaner darunter leiden, dass sie Sicherheit, Vollkommenheit und Vorhersehbarkeit nicht beherrschen und krank werden? Was tun solche Menschen? Sie wollen ihre Befürchtungen und Ängste in den Griff bekommen. Sie wollen ihre Sorgen und unangenehmen Gedanken beherrschen. Eine Möglichkeit: Sie reagieren mit Kontrollzwang.

Kontrollzwänge haben den Sinn, mögliche »Katastrophen« abzuwenden. Sie wollen den Menschen vergewissern,

- dass der Gasherd abgeschaltet ist,
- dass Fenster und Türen verriegelt sind,
- dass ein Schriftstück fehlerfrei erstellt wurde,
- dass Fehler und Versäumnisse vermieden werden,
- dass andere Menschen nicht durch uns zu Schaden kommen.

Der Kontrollzwang kann auch ein bestimmtes Ordnungsverhalten widerspiegeln. Diese Menschen brauchen eine gewisse Symmetrie. Pedantisch genau wird das Bett gemacht. Kein einziges Fältchen darf zu sehen sein. Die Vitamine, die tagsüber eingenommen werden sollen, werden in einem speziellen Muster auf dem Küchentisch platziert. Menschen mit diesem Zwang zur Ordnung verbringen viel Zeit damit, alle Dinge an den richtigen Platz zu stellen. Hat jemand ihre Ordnung zerstört, werden sie wütend und unleidlich.

Wie entwickelt sich so ein Kontrollzwang? – Die Regel lautet: Je verbissener Sie den Gedanken, alles kontrollieren zu müssen, bekämpfen, desto mehr halten Sie ihn aufrecht. Der Kontrollzwang wird also durch einen *Widerspruch* verstärkt. Je mehr Sie einen solchen Gedanken abwehren wollen, desto stärker werden Sie von ihm verfolgt. Den Menschen, die unter Schlaflosigkeit leiden, ergeht es ähnlich. Was geschieht?

Wenn Sie einem Gedanken Widerstand entgegensetzen, beschäftigen Sie sich mit diesem Gedanken. Sie sind an ihn gebunden. Sie haben eine Beziehung zu ihm aufgenommen. Sie werden ihn nicht mehr los.

Und die Fachärzte beschreiben ein zweites Phänomen. Wenn Sie befürchten, dass ein bestimmter Gedanke wiederkehrt, begibt sich Ihr Körper in Abwehr und schüttet eine biochemische Substanz aus, das sogenannte *Epinephrin*. Diese Substanz bereitet Ihren Körper auf Kampf vor:

- Ihre Muskeln verspannen sich.
- Ihr Herzschlag und Ihre Atmung werden beschleunigt.
- Ihre Gedanken beginnen zu rasen.
- Sie sind an den Gedanken, den sie loswerden wollen, gefesselt.

Immer, wenn Sie gegen Kontrollzwänge Sturm laufen, wenn Sie gedanklich dagegen ankämpfen und sich Sorgen machen, die Kontrollgedanken könnten Sie wieder einholen, sind sie schon da.

Perfektionismus und Unordnung

Sie denken sicher auch: »Das ist ein Widerspruch. Der Perfektionist ist niemals unordentlich.« Viele Beispiele aus Seelsorge und Beratung lassen sich anführen, um zu beweisen, dass Perfektionisten schluderig sein können.

Ich möchte Ihnen ein Beispiel erzählen. – Herr Wegmann ist ein Perfektionist. Pünktlich um 15 Uhr kommt er zur Beratung. Keine Minute zu früh, keine Minute zu spät. Ordnung ist das halbe Leben. Er hat ein »großes Problem«, sagt er. Ich bitte ihn, sein Problem ausführlich darzustellen.

»Sehen Sie, das ist so. Ich habe ein Auto, einen Audi A 4. Farbe Stratosilber, damit Sie einen Eindruck haben. Im Prinzip bin ich sehr eitel und gewissenhaft. Aber eins verstehe ich nicht. Das Auto ist in der Regel schmutzig und im Kofferraum sieht es aus wie Sodom und Gomorra. Meine Frau versteht mich auch nicht. Denn sie hält mich für einen Perfektionisten, der alles – im Prinzip auch das Auto – tadellos sauber hält. Im Grunde verstehe ich mich auch nicht.«

Ich: »Was verstehen Sie im Grunde nicht?«

Er: »Dass ich das Auto nicht pingelig sauber halte, wie ich es sonst bei allen Dingen, die ich besitze, tue.«

Ich: »Sie halten sich also schon für einen pingeligen Menschen, wie Sie es sagen?«

Er: »Ja, das stimmt, ich bin ein Pedant. Nur das Ordentliche, das Saubere und das Vollkommene zählen.«

Ich: »Was, glauben Sie, hält Sie ab, Ihr Auto auch so pedantisch sauber zu pflegen?«

Er (überlegt sehr lange und sucht eine Antwort): »Vorgenommen habe ich es mir immer schon oft, aber wenn ich an die Stunden denke …«

Ich: »An die Stunden der Arbeit, meinen Sie das?«

Er: »Genau!«

Ich: »Aber wieso muss die Säuberung Ihres Wagens Stunden in Anspruch nehmen? Sie können doch für eine leidliche Ordnung sorgen!«

Er: »Leidliche Ordnung – das gibt es nicht für mich!«

Ich: »Ich verstehe Sie so, dass die Ordnung hundertprozentig sein muss!«

Er (lächelt): »Im Grunde hätte ich es nicht treffender ausdrücken können!«

Ich: »Mit anderen Worten: Sie fangen eine Arbeit nicht an, wenn Sie sie nicht hundertprozentig pingelig erledigen können?«

Er (legt seine Stirn in Falten): »Das ist es. Ja, das ist es. Wenn ich etwas nicht vollkommen erledigen kann, fange ich erst gar nicht an!«

Ich: »Und wie lange dauert normalerweise eine vollkommene Säuberung Ihres Autos?«

Er: »Etwa einen ganzen Tag. Wenn ich an einem Samstag drangehe, bin ich von morgens bis abends beschäftigt. Und das kann ich mir nur selten erlauben.«

Schauen wir uns das Gespräch an. Kann der Perfektionist Unordnung ertragen? Einige Gesichtspunkte:

Gesichtspunkt Nr. 1:
Der Perfektionist kann Unordnung ertragen.
Auch wenn es ihm schwer fällt. Er leidet. Aber Halbheiten hasst er. Eine »leidliche Ordnung« ist keine Ordnung. Er strebt das Vollkommene an, und diese Vollkommenheit braucht Zeit.

Gesichtspunkt Nr. 2:
Der Ratsuchende hat ein »großes Problem«.
Das ist typisch für den Perfektionisten. Er macht aus Mücken Elefanten. Kleinigkeiten werden dramatisiert. Fehler und Mängel zu übersehen fällt ihm schwer. Je perfektionistischer ein Mensch denkt, desto mehr leidet er unter Schwächen und Unvollkommenheiten. Ihm fehlt der Mut zur Unvollkommenheit.

Gesichtspunkt Nr. 3:
Der Pedant und Pingel macht sich das Leben schwer.
Er kann nicht großzügig denken. Es fällt ihm schwer, über sich und andere zu lachen. »Humor ist, wenn man trotzdem lacht!« Wer Fehler übersehen, Schwächen beiseitelegen und Unvollkommenheiten belächeln kann, ist ein

glücklicher und zufriedener Mensch. Der Perfektionist versteht es, sich selbst ein Bein zu stellen.

Perfektionismus und die Gaben-Bremse

Perfektionisten wollen keine Fehler machen. Wer aber keine Fehler machen will, muss alle Aktivitäten bremsen. Er tut gut daran, seine Talente zu vergraben.

Da ist die Geschichte, die uns Jesus von einem Mann erzählt, der verreisen wollte. Vorher rief er seine Diener zusammen und vertraute ihnen sein Vermögen an. Dem einen gab er fünf Zentner Silbergeld, dem anderen zwei Zentner und dem dritten einen Zentner, je nach ihren Fähigkeiten. Der letzte Halbsatz ist entscheidend. Jesus kennt auch unsere Begabungen. Er schätzt alle Menschen richtig ein. Von Christen mit hohen Begabungen erwartet er mehr als von Menschen mit kleinen Begabungen. Niemand wird von ihm überfordert. Niemand wird getadelt, dass er nur kleine Möglichkeiten zur Verfügung hat. Wenn aber jemand das anvertraute Gut in den Safe packt, wenn jemand seine Talente vergräbt, dann erfährt er Gottes Urteil.

Perfektionisten, die Fehler machen könnten, sind solche Gaben-Bremser. Ihre Befürchtungen sind größer als ihr Wagemut, ihre Ängste sind größer als ihre Fähigkeiten. Perfektionisten wittern tausend Pleiten. Sie grübeln in alle Himmelsrichtungen und lähmen ihre Kräfte. Perfektionisten stehen sich selbst im Weg. Sie blockieren ihr Leben.

Der Benediktiner-Prior Anselm Grün kennzeichnet diese Angsthasen so:

»Der Angsthase. Die Angst vor dem Herrn ist der Grund dafür, dass der Diener sein Talent vergräbt, dass er am Leben vorbeilebt. Er möchte auf jeden Fall vermeiden, einen

Fehler zu machen. Er möchte auf Nummer sicher gehen.
Und die Angst treibt ihn dazu an, sich und sein Leben zu
kontrollieren. Er hat Angst vor dem Tod, Angst vor Versagen, Angst, sich vor anderen zu blamieren.«[7]

In der Tat, Menschen mit einem mangelhaften Selbstbild haben in der Regel ein mangelhaftes Gottesbild. Die
Lebensangst des Perfektionisten blockiert ihn auf allen
Gebieten. Der Perfektionist grübelt und sichert zu viel.
Jesus geht hart mit diesen Menschen ins Gericht. Ihnen
wird alles genommen, was sie haben.

Perfektionismus und Idealismus

Viele Christen versuchen, idealistisch zu leben. Ihre Ansprüche an sich und andere sind riesig. Wie kann sich dieser Idealismus äußern?

- Sie können sich Fehler nicht verzeihen.
- Sie praktizieren heftige Selbstbeschuldigungen.
- Sie wollen alle Leidenschaften niederringen.
- Sie reagieren mit übergroßen Schuldgefühlen.
- Sie lassen in der Ehe, in der Kindererziehung, im
  Haushalt und im Glauben nur das Höchste und Beste
  zu.

Dieser Idealismus macht den Christen unfroh. Er unterzieht sich einem »geistlichen Terror«, der biblisch und
geistlich unverantwortlich ist. Christen legen sich Lasten
auf, die ihnen Gott nicht auferlegt hat. Ihre Maßstäbe,
die sie an *alles* legen, sind überhöht. Werden diese Maßstäbe nicht erreicht, fallen diese Menschen in Resignation und Bitterkeit. Ihre Enttäuschungen sind selbstzerstörerisch.

Der Franziskaner-Pater Richard Rohr beschreibt mit entwaffnender Ehrlichkeit, wie Perfektionismus und Idealismus zusammenhängen:

»EINSer sind Idealisten, die von einer tiefen Sehnsucht nach einer Welt der Wahrheit, Gerechtigkeit und moralischen Ordnung angetrieben werden. Sie tun sich schwer, eigene und fremde Unvollkommenheiten zu akzeptieren. Ich selbst bin eine EINS. Von klein an haben wir EINSer meistens versucht, Musterkinder zu sein. Schon in sehr jungen Jahren haben wir jene ausgesprochenen oder unausgesprochenen Stimmen internalisiert, die gefunkt haben: ›Sei brav! Benimm dich! Streng dich an! Sei nicht kindisch! Mach es besser!‹ ... Oft ist eins der beiden Elternteile eine EINS, moralistisch, perfektionistisch oder ewig unzufrieden.«[8]

Nach dem »Enneagramm« sind die EINSer die Moralischen und die Perfektionisten. Häufig Musterkinder und Idealisten, die die Erwartungen ihrer Eltern zu erfüllen trachten. Ihre überehrgeizigen Ziele und ihre überzogenen Ideale machen sie unzufrieden und unglücklich. Ihre Enttäuschung ist groß, weil sie auf vielen Gebieten ständig hinter idealistischen Maßstäben herlaufen. Viele Idealisten üben Verzicht. Ihre Askese ist in erster Linie Selbstbeschränkung. Sie wollen ihre Triebe, ihre Gefühle und alle Bedürfnisse unter Kontrolle behalten. Unter der Hand werden diese Idealisten zu Pharisäern.

Perfektionistische Lebensstile
Ein Selbsterforschungsfragebogen

	falsch	stimmt etwas	stimmt voll
Wenn ich nicht perfekt bin, wird man mich zurückweisen.			
Wenn ich einen Fehler mache, hat das schlimme Folgen.			
Wenn ich perfekt arbeite, erkennt man mich an.			
Wenn ich perfekt bin, bringt man mich nicht in Verlegenheit.			
Wenn ich einen Fehler mache, demütigt man mich.			
Wenn ich es richtig mache, kann ich mich endlich selbst annehmen.			
Wenn ich Perfektion erreiche, finde ich meinen inneren Frieden.			
Wenn ich perfekt handle, werde ich belohnt.			
Wenn andere mich nicht akzeptieren, bin ich nicht in Ordnung.			
Wenn ich einen Fehler mache, bin ich wertlos.			
Wenn ich es immer wieder versuche, reiche ich nicht aus.			
Wenn ich nicht perfekt bin, ist man mit mir unzufrieden.			
Wenn ich es perfekt mache, wird alles gut.			
Wenn ich mich um Vollkommenheit bemühe, werde ich doch nie gut genug sein.			
Wenn andere mich gut finden, dann bin ich es wahrscheinlich auch.			

	falsch	stimmt etwas	stimmt voll
Wenn ich es perfekt mache, wird es allen auffallen.			
Wenn ich nicht perfekt bin, bin ich ein Versager.			
Wenn ich alle Dinge richtig mache, bin ich zufrieden.			
Wenn ich mich richtig verstehe, kann man alles nur richtig oder falsch machen.			

Hinweise für den Selbsterforschungsfragebogen
»Perfektionistische Lebensstile«

- Füllen Sie den Fragebogen ehrlich aus und machen Sie ein Kreuz in eins der drei Fächer.
- Ihr Lebensstil beinhaltet Ihre Denk-, Fühl- und Verhaltensmuster. Er beinhaltet Ihre wichtigsten Glaubens- und Lebensüberzeugungen.
- Im Grunde spiegeln alle 20 Aussagen eine perfektionistische Grundeinstellung wider. Wie oft haben Sie »stimmt etwas« bzw. »stimmt voll« angekreuzt?
- Wenn Sie etwa 15-mal ehrlich »falsch« angekreuzt haben, sind Sie mit relativer Sicherheit kein Perfektionist und leiden sehr wahrscheinlich nicht unter Unzufriedenheit und Unglücklichsein.
- Haben Sie Lebens- und Arbeitsprobleme? Leiden Sie unter Unzufriedenheit und Stress? Spüren Sie psychosomatische Belastungen? Je mehr Sie diese Fragen positiv beantworten müssen, desto mehr sollten Sie sich um eine Korrektur Ihres Lebensstils bemühen, der höchstwahrscheinlich auf Vollkommenheitsstreben hindeutet.

KAPITEL 3

Wie kann Perfektionismus entstehen?

Es gibt keine Patentantworten. Die Entstehungsgeschichte ist auch nicht bei allen Menschen gleich. Sicher spielen Erfahrungen der Kinder mit der Umwelt eine große Rolle. Wie hat das Kind Vater und Mutter erlebt? Welche Selbsteinreden hat es im Laufe der Jahre vorgenommen? Wie erleben Kinder und Jugendliche ihren Selbstwert?

In den letzten Jahren ist kontrovers diskutiert worden, was das Wesen der Persönlichkeit ist. Wird man mit bestimmten Charaktereigenschaften geboren? Formt sich die Persönlichkeit anhand von Erfahrungen mit Eltern, Geschwistern, Großeltern und der Umwelt? Eine umfassendere Sichtweise geht heute davon aus, dass bei der Entwicklung der Persönlichkeit sowohl die Gene als auch die Erfahrung eine Rolle spielen. Auch wenn Kinder mit bestimmten Charaktereigenschaften geboren werden, gibt es doch viele Beweise dafür, dass emotionale Reaktionen, Verlässlichkeit, Selbstbildannahmen und auch Perfektionismus sich durch Erfahrungen mit Geschwistern und Eltern ausbilden können. Schauen wir uns einige Entstehungsmöglichkeiten an.

Möglichkeit 1:
Ohnmacht kann zum Allmachtsstreben führen

Ohnmachtsgefühle, das Empfinden für Verlorenheit und Hilflosigkeit, können Allmachtsgefühle produzieren. So jedenfalls stellt der Arzt und Psychoanalytiker Eberhard Richter in einem seiner Bücher die Entstehungsgeschichte für Perfektionismus dar. Den Zusammenhang beschreibt er folgendermaßen:

»Seit dem Verlust der mittelalterlichen Gotteskindschaft leben wir in einer untergründigen heillosen Angststimmung, gegen die uns nur ein einziges Rezept eingefallen ist: uns selbst die totale Kontrolle über alle Ursachen und Kräfte aneignen zu wollen, von denen uns ja Ungemach drohen könnte. Das Entsetzen vor einer unerträglichen Verlorenheit und Ohnmacht in der Welt ist somit die eigentliche Antriebsenergie, die sich hinter dem Drang nach technischer Allmacht verbirgt.«[1]

Was Richter psychoanalytisch erklärt, gilt auch entwicklungspsychologisch. Es ist eine Möglichkeit, wie sich Perfektionismus im Menschen ausbilden kann. Isolation und Hilflosigkeit, die dem Kind das Gefühl vermitteln, in einer potenziell feindlichen Welt zu leben, lassen einen Drang nach Perfektion im Erwachsenenalter entstehen. Die Grundangst fördert die Reaktion, mit Perfektionismus den Unvollkommenheiten dieser Welt zu begegnen.

Möglichkeit 2:
Ich bin ein Musterkind

Es leuchtet ein: Musterkinder müssen sauber, überlegen, gehorsam und perfekt sein. Das oft unbewusste Ziel der Kinder heißt:

- Ich will ankommen und das erreiche ich durch mustergültiges Verhalten.
- Ich werde geliebt, weil ich gehorsamer als andere Kinder bin.
- Ich werde herausgestellt, weil meine Eltern stolz auf mich sein können.

- Ich werde bewundert, weil ich edle Ziele verfolge.
- Ich verschaffe mir Ansehen, weil meine Makellosigkeit imponiert.
- Ich stehe bei Gott durch Perfektionismus in einem besonderen Licht da.

Musterkinder werden nicht nur durch hohe und überhöhte Erwartungen der Eltern zu solchen Perfektionisten. Musterkinder haben bei sich selbst entdeckt:

– Du wirst geliebt, wenn du den Ansprüchen der Eltern entsprichst.
– Du wirst geliebt, wenn du dein Leben perfekt gestaltest.

Möglichkeit 3:
Kritiksucht der Eltern kann zu Perfektionismus führen

Nicht wenige Eltern sind selbst perfektionistisch und kritisieren alle Unvollkommenheit bei ihren Kindern. Sie fördern gewollt oder ungewollt damit eine Lebenseinstellung, die lauten kann:

- Nur wenn ich perfektionistisch handele, werde ich akzeptiert.
- Nur wenn ich fehlerlos bin, gehe ich Leid und Schmerzen aus dem Weg.
- Nur wenn ich vollkommen den Erwartungen der Erwachsenen entspreche, kann ich der feindlichen Welt, die mich umgibt, trotzen.

Der Amerikaner David Stoop beschreibt eine der Entstehungsmöglichkeiten so:

»Viele Leute, die in meine Praxis kommen, berichten von Erlebnissen äußerster Zurückweisung, kalter Feindseligkeit und gemeiner Brutalität in ihrer Kindheit. Eine Frau erzählte mir von den Schlägen, die ihre Mutter ihr jedes Mal mit einer Metallleiste verabreicht hätte, wenn sie nicht jede Kleinigkeit bei der Beaufsichtigung ihrer jüngsten Geschwister befolgt hätte. Als ihr älterer Bruder sie vergewaltigt hatte, lachte die Mutter sie aus und glaubte den Unschuldsbeteuerungen des Bruders. Ihre notvolle Kindheit war Ursache ihres im Erwachsenenalter auftretenden Perfektionismus, denn alles, was nicht perfekt war, konnte ja neue Schmerzen heraufbeschwören.«[2]

Perfektionismus auch nur eines Elternteils, von dem das Kind sehr abhängig ist, kann die Bereitschaft im Kind fördern, selbst perfektionistisch zu denken und zu handeln.

Möglichkeit 4:
Nur wenn es dem anderen vollkommen gutgeht, bin ich zufrieden

Den Perfektionismus gibt es nicht. Er kann auch entfacht werden durch das Bestreben der Eltern oder eines Elternteils, es allen anderen Menschen im Umfeld der Familie vollkommen gutgehen zu lassen.

Die *anderen* sollen glücklich sein, die *anderen* sollen in dieser Familie positiv reden, die *anderen* sollen bedient, versorgt und perfekt betreut werden. Kinder, die diesen Lebensstil übernehmen und sich damit ihre Anerkennung sichern, geraten in einen Perfektionismus hinein, der nur das vollkommene Wohl der anderen im Auge hat. Sie selbst treten zurück, vernachlässigen ihre Bedürfnisse und geraten ebenso wie ihre Perfektionismus-Geschwister in große Unzufriedenheit. Das Sprichwort drückt die Misere dieser Menschen treffend aus: »Wer es allen recht machen will, sitzt zwischen allen Stühlen.« Perfektionismus, auf welchem Gebiet auch immer, strebt unerreichbare Ziele an. Bei Licht besehen steht im Hintergrund fast immer ein lädiertes Selbstwertgefühl. Nur wer das verwegene Ziel verfolgt, es *allen* Menschen im Umfeld der Familie vollkommen gutgehen zu lassen, wer sich *über*mäßig anstrengt und *über*mäßige Opfer bringt, kann sein schwaches Selbstwertgefühl aufrechterhalten. In der Tat: Perfektionismus ist eine Sisyphos-Arbeit.

Möglichkeit 5:
Alle Versäumnisse der Eltern und Erzieher können zum Perfektionismus führen

Es gibt eine Reihe angeborener Bedürfnisse, die von Eltern, Pflegepersonen oder Erziehern erfüllt werden müssen, um Sozialisationsschäden bei Kindern zu verhindern. Werden diese notwendigen Bedürfnisse nach emotionaler Zuwendung, nach sozialer Eingliederung, nach Zugehörigkeit, Nahrung und Pflege nicht erfüllt, können sich im Kind ein falsches Selbstverständnis und ein mangelhaftes Selbstwertgefühl entwickeln. Viele Forschungen haben zweifelsfrei ergeben, dass

- seelische Vernachlässigung,
- mangelnde Geborgenheit,
- fehlendes Zugehörigkeitsgefühl,
- fehlende Bestätigung,
- gewollte oder ungewollte Ablehnung,
- übertriebener Zwang,
- sexuelle oder körperliche Misshandlung

ein falsches Selbstbewusstsein im Kind erzeugen.

Diese jungen Menschen suchen Bestätigung, Ehre und Anerkennung. Auf diesen Wegen können sie einen Perfektionismus entwickeln, der ihnen Bestätigung und Beifall einbringen soll. Mangelndes Selbstwertgefühl kann ein übermäßiges Bedürfnis nach Selbstachtung wachrufen. Macht- und Leistungsstreben werden zu beliebten Einstellungsmustern, um sich Bewunderung und ein Gefühl der Überlegenheit zu erwerben. Weil sie vernachlässigt, im Stich gelassen und nicht bestätigt wurden, können sie einen brennenden Eifer entwickeln und einem überzogenen Bild von sich nachjagen. Sie wollen etwas Besonderes sein und produzieren ein übermenschliches Anspruchsdenken.

Möglichkeit 6:
Der Druck der Umwelt

Wir leben in einer Welt, wo Perfektionismus eine große Rolle spielt. Wenn ich die Zeitung aufschlage und lese Berichte über die Formel-1, dann wird mir schwindelig. Bei einem internationalen Rennen geht es um Bruchteile von Sekunden, nicht um eine einzige volle Sekunde. Bruchteile einer Sekunde entscheiden über die Pole-Position. Die Perfektion der Mitarbeiter beim Boxen-Stop entscheidet über Sieg und Niederlage.

Millimeter und Zentimeter entscheiden beim 100-m-Lauf. Kleinste Fehler in der Kalkulation entscheiden über Millionen Verluste bei Großfirmen. Die Medizin suggeriert der Gesellschaft, dass nur ein perfekter Körper, eine perfekte Figur, ein perfekter Sitz des Kleides Attraktivität besitzen. Alles muss perfekt sein: der Körper, die Zähne, der Atem, die Farbabstimmung, die Bewerbung, das Zeugnis und das Auftreten.

Ich finde in wissenschaftlichen Untersuchungen bestätigt, dass schöne Frauen und Männer, die perfekt auftreten und perfekt gestylt sind, größere Chancen in der Wirtschaft haben. Überall wird verkündet, dass Durchschnittlichkeit nicht gefragt ist, dass Durchschnittsleistungen nicht ausreichen und Durchschnittsgaben keine Chance haben. Ist es da verwunderlich, dass Eltern und Erzieher diesem Perfektionismus-Trend hinterherlaufen?

Möglichkeit 7:
»Du kannst noch mehr leisten!«

Als Psychotherapeut für Kinder und Jugendliche, aber auch als Lehrer habe ich viele Eltern und Erzieher erlebt, die ihre Kinder anstacheln, noch bessere Leistungen zu bringen. Wie lauten solche Botschaften?

- »Das war im Prinzip gut, aber du kannst noch mehr bringen!«
- »Zwei Einser auf dem Zeugnis sind klasse, aber zweimal ausreichend, das ist völlig unnötig.«
- »Die gute Note im Diktat ist prima, aber die kleinen, dummen Komma-Fehler mussten wirklich nicht sein!«

Eltern und Erzieher senden negative Botschaften. Lob und Kritik werden in einem Atemzug genannt. Hinter der Kritik verbirgt sich häufig ein versteckter Perfektionismus der Eltern. Sie sind unzufrieden und fordern ihre Kinder auf, sich noch weiter zu verbessern. Ihr Anspruch ist höher, als sie in Wahrheit akzeptieren wollen. Zufriedene Eltern sprechen bedingungslos Lob und Erwartungen aus:

- »Eine gute Arbeit!«
- »Ich schätze dich und was du getan hast.«
- »Du gehst einen guten Weg!«

Das Kind bekommt das positive Gefühl: Ich reiche aus, ich werde geliebt. Ich darf mich annehmen, wie ich bin.

Möglichkeit 8:
»Ich muss das Chaos bezwingen!«

Es gibt Perfektionisten, die haben eine verrückte Entwicklung hinter sich. Vieles war in ihrer Kindheit chaotisch.

Herr Simon hat so eine Kindheit erlebt. Heute ist er Elektromeister. Mit Ehrgeiz und Disziplin hat er sich nach oben gearbeitet. Sein Perfektionismus war ihm ein Rettungsanker, im Chaos der Familie einen Halt im Leben zu gewinnen. Als alles schwankte, die Eltern keinen Halt gaben und die Geschwister hin und her gezerrt wurden, gab Herr Simon mit Ordnungsstrategien seinem Leben Profil.

Die Eltern wurden geschieden, schon Jahre vorher lebten sie in Unfrieden zusammen. In der Familie herrschte keine Ordnung, es gab keine Regeln, vieles ging drunter und drüber. Mal zog der Vater aus, dann war die Mutter für Wochen verschwunden. Verwandte des Vaters und der Mutter kamen, um die Familienbeziehungen und den Haushalt in Gang zu halten. Herr Simon steuerte mit Bedacht dagegen. Er lag als Junge nachts wach und plante den nächsten Tag und die nächsten Wochen. Er stellte Listen auf, was gemacht werden musste. Mit Fleiß klemmte er sich hinter die Schularbeiten. Stolz legte er sich schlafen, wenn er die Aufgaben erledigt hatte, die er sich tags zuvor aufgeschrieben hatte. Er wurde ein Perfektionist, um das Chaos um sich herum in den Griff zu kriegen.

Ich habe in der Beratung das Beispiel einer Mutter erlebt, die ihren Sohn großzügig und fast regellos erziehen
wollte. Sie gab ihm viel Freiheit, verzichtete auf Verbote
und ließ ihn sich frei entfalten. Als er in die Pubertät kam,
wurde dem Jungen die Freiheit zum Ärgernis. Er wurde
17 Jahre alt und die Mutter erlaubte ihm, abends lange
draußen zu bleiben. Jedes Mal fragte der Junge: »Wann
muss ich wieder zu Hause sein?« Die Mutter antwortete:
»Du entscheidest.« Als er dann keine Ruhe gab, sagte die
Mutter halb belustigt: »Ich erwarte, dass du 22.17 Uhr
wieder zu Hause bist.« Um 22.17 Uhr schellte es an der
Haustür. Der Sohn war überpünktlich wieder daheim. Die
Mutter verstand die Welt nicht mehr. Wie erklären wir uns
das Verhalten?

- Möglich ist, dass der Sohn in der prinzipiellen Freiheit keine Lösung sah. Er brauchte feste Zeiten und
  Geländer, an denen er sich fortbewegen konnte.
- Die grenzenlose Freiheit beinhaltet auch eine größere Verantwortung. Ich kann machen, was ich will,
  trage aber auch die volle Verantwortung für mein
  Tun.
- Die Mutter hat dem Jungen immer zu verstehen gegeben, dass er sein Denken, Planen und Handeln
  selbst in die Hand nimmt und dafür die volle Verantwortung übernimmt.

Wer völlig auf sich allein gestellt ist, vermisst die Geborgenheit, den Halt und den Schutz der Umgebung. Insge-
samt: Perfektionismus kann sich einstellen, um der gren-
zenlosen Freiheit zu begegnen und das Chaos in den Griff
zu bekommen.

Möglichkeit 9:
Strafen führen zum Perfektionismus

Viele Eltern versuchen durch Strafen die Leistungsbereit-
schaft ihrer Kinder zu fördern. Nicht alle Kinder werden
dadurch zu Perfektionisten. Einige rebellieren jetzt erst
recht, machen, was sie wollen, und unterlaufen die elterlichen Anordnungen. Sie gewinnen eine negative Antihal-
tung. Gebote und Verbote werden missachtet. Die Rebellion wird zum Lebensinhalt.

Andere lassen sich durch Strafen reglementieren. Sie
steigern ihre Bereitschaft, zu gehorchen, Fehler zu vermeiden und perfekt zu handeln. Strafen können verbal, emo-
tional und auch körperlich verabreicht werden. Weil etliche Kinder einen Weg gesucht haben, mit den elterlichen
Maßstäben übereinzustimmen, haben sie sich perfektionistische Strategien zurechtgelegt. Sie wollen gefallen, wollen geliebt und belohnt werden und entscheiden sich für
den Perfektionismus. Was sie machen, ist korrekt. Sie gehorchen aufs Wort, sind pünktlich und gewissenhaft und
haben die Gewissheit, dass ihre Eltern sich wohlwollend
ihnen gegenüber verhalten. Sie haben ihr Ziel erreicht:
Perfektionismus ist ein Verhaltensmuster, das sie beliebt
macht.

Möglichkeit 10:
Biologische Ursachen des Perfektionismus

Die international anerkannten Autoritäten auf dem Gebiet
der Angsttherapie Edna B. Foa und Reid Wilson halten
auch biologische Ursachen für Perfektionismus und bestimmte Zwänge, die damit zusammenhängen, für möglich. Sie schreiben:

»Anhand der Positronen-Emissions-Tomographie (PET) und anderer bildgebenden Verfahren hat sich gezeigt, dass Abnormitäten im Stirnlappen und den Stammganglien des Gehirns die Zwangssymptomatik beeinflussen können. Andere Studien weisen darauf hin, dass Abnormitäten bestimmter Neurotransmitter, das sind Botenstoffe des Gehirns, Einfluss darauf nehmen können. Eine dieser Substanzen, das Serotonin, trägt dazu bei, Stimmungen, Aggression und das Triebgeschehen zu regulieren.«[3]

Allerdings darf nicht übersehen werden, und darauf machen die Forscher aufmerksam, dass unsere Gedanken unser Verhalten langfristig verändern und die Gehirnchemie beeinflussen. Es ist daher nicht mehr klar, ob der Perfektionismus mit seinen Zwangsstörungen die *Ursache* im Gehirn war oder ob die Gedanken, Befürchtungen und Ängste der Menschen die Gehirnsubstanz verändert haben.

Möglichkeit 11:
»Ihr werdet sein wie Gott!«

Wenn wir der Bibel Glauben schenken, hat das Vollkommenheitsstreben den Menschen seit Adam und Eva beherrscht. Ehre und Anerkennung sind Einstellungsmuster, die den Menschen bis heute charakterisieren. Adam und Eva hatten im Garten Eden alles, was sie wollten und brauchten. Aber der Perfektionismusdrang lag auf der Lauer. Und die Schlange erkannte die Schwachstelle des Menschen. Sie formulierte den Wunsch des Menschen: »Aber Gott weiß, sobald ihr davon esst, werden euch die Augen aufgetan, und ihr werdet alles wissen, genau wie Gott« (1. Mose 3,5).

Sein wie Gott, das ist ein Urstreben des Menschen. Sein wie Gott, das hat die ersten Menschen zur Sünde und zum

Ungehorsam verleitet. Sein wie Gott, das reizt den Menschen, Gott ins Handwerk zu pfuschen. Das Klonen von Menschen ist ein Aspekt seiner Eifersucht, es Gott gleichzutun. Das Geschöpf erhebt sich gegen seinen Schöpfer. Es will selbst Schöpfung und Architektur in den Griff bekommen. Perfektionismus, Stolz und Hochmut sind in der Tat Sünden, die in der Natur des Menschen zu Hause sind.

Der Geisteskranke, der den Boden unter den Füßen verloren hat, der seine Kleinheit und Minderwertigkeit nicht ertragen kann, brüstet sich dann: »Ich bin Christus, ich bin Gott.« Er glaubt zu sein, was andere laut oder leise anstreben.

Der Kreislauf von Perfektionismus und Enttäuschung

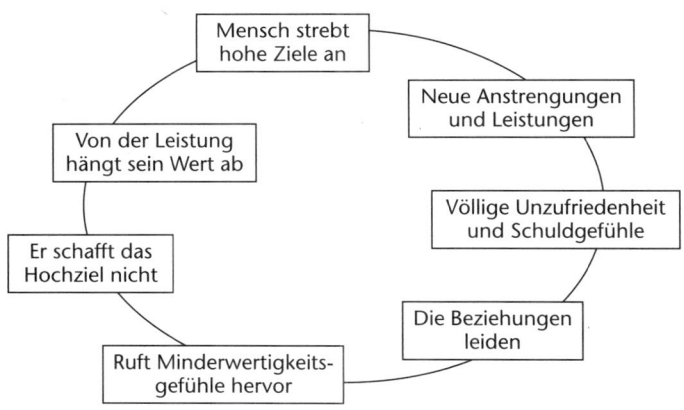

- Es handelt sich um einen zerstörerischen Kreislauf.
- An welcher Stelle des Kreislaufs ertappen Sie sich?
- Ein Denk- und Verhaltensmuster löst das andere ab.
- Wie können Sie aus dem Kreislauf aussteigen?

Entstehungsgeschichte des Perfektionismus

- Das Kind hat angeborene Bedürfnisse, die von Eltern oder Pflegepersonen befriedigt werden müssen.
- Die Bedürfnisse sind physischer, mentaler, emotionaler, sozialer und geistlicher Art.
- Das Kind braucht Nahrung, Pflege, Fürsorge und Erziehung.

Werden die Bedürfnisse nicht gestillt, gibt es Folgen:

durch indirekte Maßnahmen
- Nahrungsentzug
- seelische Vernachlässigung
- mangelnde Geborgenheit
- mangelnde Liebe
- fehlende Zufriedenheit
- fehlende Zugehörigkeit
- fehlende Bestätigung
- Erziehungsfehler (Verwöhnung, Überbeschützung und Härte)

durch direkte Maßnahmen
- Ablehnung
- Zurückweisung
- Auslachen
- Ungerechtigkeit
- übertriebene Gesetzlichkeit
- Misshandlung (verbal, seelisch und körperlich)
- sexueller Missbrauch

Folgen: *Entwicklung eines falschen Selbstbildes*
- Ungestillte Bedürfnisse müssen kompensiert werden.
- Der Mensch will gefallen.
- Der Mensch will etwas darstellen.
- Der Mensch strebt nach Überlegenheit, nach Einmaligkeit, nach Bedeutung.

KAPITEL 4

Perfektionismus in der Erziehung

Die Gleise für Perfektionismus werden in der Kindheit gelegt. Das Kind wird betreut und versorgt. Und plötzlich sind die Betreuer verschwunden. Geborgenheit, Nahrung und Schutz werden von den Riesen vermittelt, doch plötzlich sind sie nicht mehr da. Es ist Nacht und die Hilflosigkeit überwältigt das Kind. Es schreit und niemand kommt. Es ist verzweifelt und die »Riesen« hören nicht. Eine Grundangst macht sich breit. Das Kind fühlt sich isoliert, hilflos und einer feindlichen Umwelt ausgesetzt. Die Bedrohung kann den Mut zum Leben untergraben. Vielleicht wird das Kind auch angeschrien, eingeschüchtert und bedroht. Es schweigt, wo es schreien müsste. Und immer wieder macht es die Erfahrung, dass es sich nicht verteidigen kann. Um sich zu behaupten, entwickelt das Kind bestimmte Strategien, um mit Ängsten und Enttäuschungen fertig zu werden.

Mach alles richtig, dann geht es dir gut

In der Therapie erlebte ich vor Jahren eine Mutter, die ihr Kind pausenlos beschimpfte und korrigierte. Es lief im Beratungszimmer hin und her und ging an alles heran, das es erreichen konnte. Die Augen der Mutter verfolgten das Kind in jeden Winkel. Sie hatte einen unangenehmen Kommandoton. Das Verhalten der Mutter tat mir körperlich weh.

»Lass das!« – »Hör jetzt damit auf!« – »Du bist unausstehlich!«

Einige Male sprang die Mutter auf und schlug dem Kind auf die Finger. Das Gesicht des Kindes war verzerrt. Trotz und Rebellion sprachen aus seinen Zügen.

Ich ließ die Mutter eine Zeit lang gewähren, um dann gründlich über das Vorgefallene zu sprechen. Die Mutter schüttelte immer wieder den Kopf. Sie war überzeugt: Was Hänschen nicht lernt, lernt Hans nimmermehr. Der Wille des Kindes muss gebrochen werden. Später tanzt es mir auf dem Kopf herum. Die Frau hatte bei ihrer eigenen Mutter die gleichen Erfahrungen gemacht. Sie war stolz auf ihre Ordnungsliebe, auf Korrektheit und Gehorsam.

Zwölf Jahre später kam eine junge Dame in die Beratung. Sie war gerade 18 geworden, mündig und selbstständig. Acht Tage nach ihrem Geburtstag war sie bei der Mutter ausgezogen, um sich nicht mehr herumkommandieren zu lassen.

»Und Ihr Problem, Elise?« – »Ich finde mich unausstehlich. Ich bin die personifizierte Pingeligkeit. Wenn nicht alles hundertprozentig ist, finde ich keine Ruhe. Zu Hause bin ich ausgezogen, meine Mutter und ich fallen uns auf den Wecker.«

In der Tat, sie war das erwachsene Kind von damals. Was war geschehen? Das kleine Mädchen hatte sich angewöhnt, alles zu tun und zu lassen, was die Mutter wollte. Mit fünf Jahren gehorchte es aufs Wort. Das Vollkommenheitsstreben der Mutter war ihm in Fleisch und Blut übergegangen. Es fasste nichts mehr an, was die Mutter angeordnet hatte. Schläge und Schmerzen hatten das Kind gelehrt: Sei gehorsam, pünktlich, halte den Mund, dann kannst du überleben.

Die junge Frau hat eine Botschaft internalisiert, die ihr bestätigt: Wenn du alles richtig machst, bekommst du kei-

nen Ärger. Wenn du perfekt bist, lassen dich die Menschen
in Ruhe. Für die junge Dame ist der Perfektionismus heute
schon zu einer schweren Bürde geworden. Sie *muss* fehlerfrei sein, sonst spürt sie fürchterliche Schmerzen und
Schläge, die sie überfallen. Perfektionismus ist zum Selbst-
schutz geworden, um eine Mauer gegen Bedrohung und
Schmerzen aufzubauen.

Erwartungen der Eltern

Häufig ist einer der Eltern ein Perfektionist. Den Kindern
wird vermittelt, dass sie nicht gut genug seien. Sie erhalten
Lob, um sie anzuspornen, und sie erhalten Kritik, um ihre
Leistungen zu steigern. Viele Botschaften sind verwirrend
und widersprüchlich.

– »Recht gut, was du gebracht hast. Aber du kannst
  noch mehr leisten.«
– »Unverkennbar prima. Hoffentlich bleibt das auch
  so!«

Lob und Kritik werden gleichzeitig ausgesprochen. Offensichtlich fällt es den Eltern schwer, die Kinder *bedingungslos*
zu akzeptieren. Der Erwartungshorizont ist enorm hoch.
Wenn Kinder Fehler machen, wenn kleine Leistungsein-
brüche geschehen, werden die Eltern ungehalten und lassen das die Kinder in jeder Weise spüren. Uneingeschränk-
tes Lob beinhaltet:

– »Ich schätze dich, wie du bist!«
– »Ich liebe dich mit deiner ganzen Art.«

Keine Frage, Eltern mit hohen Erwartungen legen die Messlatte hoch. Unbewusst üben sie Kritik, nörgeln an Kleinigkeiten herum und vergiften das Familienklima. Bestimmte
Kinder, die ankommen wollen, fordern das Letzte von sich
und geraten in die Perfektionismus-Falle. Sie hören die for-
dernden Botschaften der Eltern. Mit Druck lassen sie sich
nach vorn puschen und übernehmen die Botschaft der
Eltern im Innern. Unbemerkt haben die hohen Maßstäbe
der Eltern das Gewissen der Kinder beeindruckt. Sie müssen nicht mehr angetrieben werden. Das Vollkommenheitsstreben hat sich verselbstständigt.

Wenn Eltern berühmt sind

Vater oder Mutter, die einen Namen haben, die sich beruflich oder menschlich verdient gemacht haben, belasten
nicht selten ihre Kinder mehr, als ihnen lieb ist. Die Kinder
haben den Eindruck, sie genügen nicht. Sie haben das un-
bestimmte Gefühl, sie seien nicht gut genug. Was geht in
diesen Kindern vor? Sie strengen sich an, um ähnliche Leistungen zu bringen. Andere stecken auf, rebellieren, nehmen
Drogen und geraten ins Abseits. Wieder andere ahmen ihre
Eltern oder einen Elternteil nach. Sie bewundern den Perfektionismus. Sie strengen sich an, in Kleidung, in Manie-
ren, im Auftreten und in der Sprache perfekt und vollkommen zu erscheinen. Alle wollen ankommen und nehmen
das Vollkommenheitsstreben in Kauf. Eltern und Kinder
spielen perfekt zusammen. Die Eltern sind stolz auf ihre
Kinder, die ihnen Freude bereiten. Die Kinder sind stolz auf
ihre Eltern, die sie überall vorführen und zur Schau stellen
können.

Perfektionismus und Faulheit

Wer besonders gewissenhaft ist, kann doch nicht faul sein
und trödeln – sollte man meinen. Die Faulheit ist aber eine
Arbeitsstörung und kann mit zwanghaftem Perfektionismus Hand in Hand gehen.

Wie hängen Faulheit und Perfektionismus zusammen? –
Werner ist jüngstes Kind und einziger Sohn unter drei
Mädchen. Er geht seit zwei Jahren zum Gymnasium und
bringt im Zwischenzeugnis drei Fünfen mit nach Hause.
Die Mädchen sind lebhaft, nach außen gekehrt, großzügig
und bei allen Spielkameraden beliebt. Die Eltern gehören
zu einer Freikirche und legen großen Wert auf Ordnung,
innere Sauberkeit, Gewissenhaftigkeit und Ehrlichkeit. Die
Mutter ist über jeden Fehler entsetzt, über jede Unvollkommenheit traurig. Ihr Bestreben ist, immer vollkommener, sündloser und tadelloser zu werden. Die Töchter sind
alle drei moralisch salopp, nicht besonders ordnungslie-
bend, aber bringen aus der Schule gute Noten mit nach
Hause. Die Eltern sind zwar mit den schulischen Leistungen der Mädchen zufrieden, geben aber deutlich zu erkennen, dass ihnen die lasche innerliche Ausrichtung Kum-
mer bereitet.
    Werner gleicht diesen Kummer aus. Er ist nicht nur ge-
wissenhaft, er leistet auf diesem Gebiet Überdurchschnittliches. Aber er zweifelt, ob er je ein guter Mensch sein wird.
Allen Entscheidungen weicht er aus; er will keinen Fehler
machen. Wenn er Gedichte aufsagen soll, bekommt er plötzlich keinen Ton heraus. Im Mündlichen ist er nach Meinung der Lehrer noch schlechter als im Schriftlichen. Schon
bevor er zur Schule musste, prangerte er jede Unrechtmä-
ßigkeit seiner Schwestern an. Er passte auf wie ein Schieß-
hund, wenn sie etwas angestellt hatten oder es mit der

Wahrheit nicht so genau nahmen. Er konnte sich laut und deutlich entsetzen und nahm sein eigenes Verhalten scharf unter die Lupe. Er sagte etwa: »Ich wollte euch eben anlügen, ich schäme mich so!« Oder: »Mutter, ich habe das ganze Taschengeld für die armen Kinder in Indien gegeben!« (Bei der Sammlung in der Sonntagsschule.) »Edith (seine Schwester) hat im Geschäft zu einem Mädchen ›du Sau‹ gesagt. Ich habe den ganzen Weg über geweint.«

Als einziger Sohn verschaffte er sich mit dieser übertriebenen Gewissenhaftigkeit eine Sonderstellung bei den Eltern. Sie waren stolz und glücklich und sagten das auch unmissverständlich ihrem Sohn. Der Vater ließ durchblicken, dass der Sohn bestimmt mal Pastor würde. Als Werner zur Schule kam, konnte er mit dieser dramatisierten Gewissenhaftigkeit nirgendwo landen. Die Lehrer hatten wenig Verständnis dafür, kritisierten seine Übergenauigkeit und schnitten ihm das Wort ab, wenn er »petzte«, was er liebend gerne tat.

Langsam, aber sicher wird die übersteigerte Gewissenhaftigkeit zur Flucht vor den Schulaufgaben benutzt:

- Werner ordnet stundenlang seine Bücher und Hefte, kauft Umschlagpapier, verpackt alles sorgfältig und sauber.
- Sein Kinderzimmer ist ein Musterzimmer, seine Eltern haben es den Mädchen immer wieder zur Nachahmung empfohlen.
- Er schreibt gern und wird auch dafür gelobt, sogar in der Schule. Aber er braucht viel Zeit, die kleinsten Fehler lässt er nicht gelten. Er reißt die Seiten heraus und schreibt neu. Bei schriftlichen Arbeiten in der Schule will er durch Sauberkeit und Gewissenhaftigkeit imponieren. Er verliert die Übersicht und schreibt die Arbeit daneben.

- Er hat einen Fleck in der Hose. Mit Eifer geht er daran, die Stelle zu beseitigen. Mit Spucke, mit Kaffee, mit Wasser, mit Alkohol. Alles probiert er aus. Eine lobenswerte Tat? Von 13–16 Uhr hat er damit wertvolle Zeit *vertrödelt*. Die Schulaufgaben blieben liegen. Er hat eine plausible Entschuldigung: »Ich *musste* die Hose säubern. Mit dem Flecken kann ich nicht rumlaufen. Wenn ich auf den Flecken schaue, kann ich mich nicht konzentrieren. Flecken machen mich wahnsinnig!«

- Eine Nachbarin sagt: »Ein beneidenswert sauberer Junge. Wenn ich dagegen unsere Kinder anschaue …« Die Mutter nickt glücklich. Werner steht daneben und genießt das Lob.

- Er hat seinen Vierfarbenstift verloren. Das passiert ihm bei seiner Ordnungsliebe. Er stellt die Wohnung auf den Kopf. Einen Tag vertan. Er sitzt am Abendbrottisch und hat keine Zeile für die Schule geschrieben.

- Seine Übergenauigkeit und die damit verbundene Langsamkeit bewahren ihn vor Aufgaben und Pflichten im Rahmen der Familie. Die Mutter macht lieber alles selbst, weil sie weiß, wie lange Werner daran sitzt.

- Werner erlebt, dass jedes Abweichen von der Norm Liebesverlust der Mutter nach sich zieht. Von früh an hat er ein hohes Maß an Selbstkontrolle eingeübt. Er passt auf sich auf, er beobachtet sich und verliert seine natürliche Unbefangenheit, er redet altklug und schränkt seine Impulsivität und Spontaneität erheblich ein.

- Der Zweifel spielt in seinem Leben eine entscheidende Rolle. »Darf ich das tun, darf ich das nicht tun?« – »Soll ich oder soll ich nicht?« Diese Zweifel machen den zwanghaften Werner zögernd, zaudernd, unentschlossen und unspontan. Schon als Kleinkind hat Werner den Ur-Zweifel erlebt: Darf ich ich selbst sein oder muss ich gehorchen und auf meine eigenen Impulse verzichten?

- Pedantische Ordnungsliebe und Prinzipienreiterei lassen Werner intolerant und übergesetzlich erscheinen. Er hasst die Unordnung, die Gesetzesübertretung, die Regellosigkeit und Laschheit. Er zeigt fanatische und unduldsame Züge. Er klammert sich an Gesetz und Spitzfindigkeiten und versäumt das Leben. Er wird ein Sklave seiner eisernen Prinzipien.

- Werner hat den Eindruck, er darf sich nicht frei äußern, um keinen Fehler zu machen. Er möchte nicht verurteilt werden, etwas unvollkommen dargeboten zu haben. Werner gerät in einen Teufelskreis: Weil er vor einer bestimmten Tätigkeit Angst hat, wagt er sich nicht an sie heran. Weil er sich nicht heranwagt, wird er immer weniger fähig, sie auszuführen. Angst und Unruhe werden größer, der Misserfolg immer sicherer.

- Werner steht sich selbst im Weg. Sein Perfektionismus blockiert die Schule. Er bleibt sitzen. Eine Lehre als Schlosser muss er abbrechen, weil sein Sauberkeitsfimmel dem Ausbilder die Geduld raubt. Und die Lehre als Bäcker wird vom Arbeitgeber beendet, weil seine Langsamkeit alle Arbeitsabläufe lähmt. Sein Perfektionismus wird von unliebsamen Zwangsstörungen begleitet. Er lebt arbeitslos zu Hause, hat sich von Kameraden und Freunden zurückgezogen, geht kurzfristig Hilfsarbeitertätigkeiten nach und ist zutiefst unglücklich.

Vollkommenheitsstreben und Perfektionismus

Das Ziel der *Vollkommenheit* strebt jeder Mensch an, ob er will oder nicht. Perfektion und Perfektionismus sind aber vom Streben nach Vollkommenheit zu unterscheiden. Perfektion meint Vollendung und Perfektionismus ist die Sucht, alles um jeden Preis mit einem Grad der Vollkommenheit anzustreben, der Irrtümer und Fehler ausschließt, sowohl bei Menschen als auch bei Maschinen, bei Aufgaben und Vorhaben. Perfektion meint – auf Menschen angewandt – den Zustand des höchsten erreichbaren Punktes einer Ausbildung oder einer Fertigkeit. Perfektion meint Hundertprozentigkeit. Der Perfektionist strebt das Absolute an, aber das Absolute ist nur Gott zugehörig. Ein Zimmer völlig »staubfrei« zu halten ist eine wahnsinnige Sisyphosarbeit. Der Perfektionist will fehlerfrei sein. Damit greift er nach einer Eigenschaft, die nur Gott sich vorbehalten hat.

Der ehemalige amerikanische Präsident Ford sagte anlässlich seiner Antrittsrede: »Ich habe Ihnen einmal gesagt, dass ich kein Heiliger bin, und ich hoffe, dass ich niemals den Tag erleben muss, an dem ich nicht zugeben kann, einen Fehler gemacht zu haben.«[1]

Wenn sich der ehemalige amerikanische Präsident den »Mut zur Unvollkommenheit« eingesteht, warum nicht auch alle Eltern und Erzieher?

Um jedes Missverständnis zu vermeiden: Ordnungsliebe, Korrektheit, selbst eine milde Pedanterie, die Identifizierung mit einer gestellten Aufgabe, verbunden mit Ausdauer, Flexibilität, Durchsetzungsvermögen, Überblick und Offenheit für neue Problemlösungen sind erforderliche Eigenschaften eines stabilen Charakters. Gerade aber über diese Eigenschaften verfügt der Perfektionist nicht. Seine Motive sind von einem zwanghaften Ehrgeiz bestimmt. Schematische Ordnungsprinzipien, zeitraubende und ängstliche Überkorrektheit, die Identifizierung mit dem angestrebten persönlichen Erfolg liegen seinem Streben zugrunde. Von daher ist er empfindlich gegen Kritik und übermäßig kränkbar. Seine Angst vor Misserfolg lässt ihn immer perfekter werden. Vollkommenheit ist ein unerreichtes, aber richtungweisendes Ziel. Wer hundertprozentig vollkommen sein will, ist zu keiner Entscheidung mehr fähig. Er muss ja hundertprozentig alles abwägen, er muss jeden Fehler vermeiden, jeden Irrtum vorausberechnen, jeden Misserfolg abwehren. Was soll er tun, was kann er tun? Er kann nur noch seine Hände in den Schoß legen. Denn wer schläft, der sündigt nicht, wer faul ist, macht keine Fehler.

Wie können Eltern dem Kind helfen?

- Nicht ständig antreiben, ermahnen und drohen. Moralische Appelle, schneller zu arbeiten, sich mehr anzustrengen, und vor allem Drohungen vergrößern die Feindseligkeit des Kindes gegen die Eltern und verstärken die sinnlosen Tätigkeiten.
- Nicht mehr die übertriebene Gewissenhaftigkeit vor den Geschwistern, vor den Bekannten und Verwandten hervorheben. Schon gar nicht in Gegenwart des Kindes. Der Junge muss sich ja bestätigt fühlen, wenn sein Verhalten als gute christliche Lebenshaltung gelobt wird.
- Nicht mehr den stark übertriebenen Gewissensregungen besondere Beachtung schenken, da die moralische Überlegenheit des Jungen über andere verstärkt wird. Die Folge kann ein penetranter Pharisäismus sein, der abstößt.

- Nicht mehr Übergenauigkeit und Langsamkeit als *anlagebedingte* Schwäche entschuldigen. Werner darf nicht von Aufgaben und Pflichten entbunden werden, sondern übernimmt notwendige Dienste – ohne Antreiben, ohne Geschimpfe und ohne Kritik –, bis er fertig ist. Er muss ohne Vorwürfe spüren, dass seine Verhaltenstechniken als *Waffe* unbrauchbar sind, und allmählich konstruktive Alternativen aussuchen, die von den Eltern entsprechend bestätigt werden.

- Nicht mehr die Gaben und moralischen Qualitäten gegenüber anderen ausspielen. Werner muss die Befriedigung seines Beitrags spüren. Solange es ihm darauf ankommt, seinen Geschwistern moralisch überlegen zu sein, wird er schulisch scheitern. Solange Werner mit seinen Geschwistern in einem *Konkurrenzkampf* lebt, wird er seine zwanghafte Gewissenhaftigkeit und die damit verbundene Arbeitsstörung verstärken. Er glaubt Eltern und Geschwistern imponieren zu müssen, um einen Platz in der Familie zu finden.

- Nicht auf Fehler aufmerksam machen und Fehler betonen. Wenn wir den Fehlern Aufmerksamkeit schenken, entmutigen wir unsere Kinder. Die Betonung des Negativen untergräbt die Widerstandskraft, positive Leistungen zu erzielen. Wer eintrainiert ist, sich vor Fehlern zu fürchten, kommt über kurz oder lang dazu, gar nichts mehr zu tun.

- Nicht mehr die Langsamkeit und zwanghafte Ordentlichkeit im schulischen Bereich *kritisieren*, sondern jeden positiven Ansatz, schneller zu schreiben und sachgerechter zu arbeiten, verstärken und ermutigen.

- Nicht mehr zu dem Kind sagen: »Du brauchst nicht vollkommen zu sein.« Solche Sätze werden nur die

Überzeugung des Kindes bestärken, dass es vollkommen sein *muss*. Die Eltern müssen ihr Verhalten und ihren Lebensstil überprüfen. Was sie *sagen* und was sie *tun,* stehen im Widerspruch. Die Eltern müssen es dem Kind *vorleben*, dass sie unvollkommen sind, Fehler machen und Fehler eingestehen.

■ Werner hat sich mit seinem Verhalten in eine Sonderrolle hineinmanövriert. Die Sonderrolle hat ihn aber auch zum Außenseiter gestempelt. Sein auffälliges Benehmen wirkt auf Gleichaltrige abstoßend und gemeinschaftsfeindlich. Werner wird als überheblich und arrogant empfunden. Er selbst *flieht* in sinnlose, unsachliche Geschäftigkeit, vertrödelt seine Zeit, drückt sich unbewusst vor lebenswichtigen Aufgaben und verliert den Anschluss an die Gemeinschaft.

Faulheit und Ehrgeiz der Eltern

Der Pädagogikprofessor Helmut Zöpfl erzählt in einer Zeitschrift die nachdenkliche Geschichte von drei Müttern, die auf einer Bank des Spielplatzes ihre Zöglinge mit Wohlgefallen beurteilen. Zöpfl wörtlich:

»Als sich eine alte Frau zu ihnen gesellt, beginnt nach einer Weile eine der Mütter: ›Schauen Sie sich nur mein Kind an. Es hat eine Menge Steine gesammelt und zählt bereits. Hören Sie nur hin – es kann bereits bis hundert zählen.‹ – ›Ja und?‹, meint darauf die zweite Mutter, ›da, sehen Sie selbst: 4 ½ Jahre ist der Unsrige, und wissen Sie, was er da in der Hand hält? Ein Buch. Ob Sie es glauben oder nicht – der Kleine liest bereits perfekt.‹ – ›Und was meinen Sie?‹, meldet sich jetzt die dritte Mutter, ›was unser Kleiner da gerade macht? Er kritzelt nicht etwa auf dem Block

herum. Er schreibt einen kleinen Aufsatz zum Thema: Ein
schöner Nachmittag auf dem Spielplatz.‹ – ›Nun‹, fragen
dann die drei Mütter die alte Frau, ›welches ist jetzt Ihrer
Meinung nach das gescheiteste Kind?‹ – ›Kind‹, antwortet
die alte Frau traurig, ›wo ist da ein Kind? Ich habe keins gesehen!‹«[2]

Was will der Pädagoge Helmut Zöpfl damit ausdrücken?
Ich trage einige Gesichtspunkte zusammen:

Gesichtspunkt Nr. 1:
Wo ist die Kindheit geblieben?
Die alte Dame hat es auf den Punkt gebracht: »Ich habe
kein Kind gesehen!« Auf dem Spielplatz laufen mindes-
tens drei kleine »Erwachsene« herum, die von den Eltern
systematisch gefördert werden. Der Pädagoge kommentiert
diese Einstellung so: »Immer wieder klagen Kindergärtne-
rinnen über Eltern, die den Kindergarten zu einem Lehr-
labor umgestalten wollen, in dem bereits Lesen, Schreiben und Rechnen geübt werden. Mit Skepsis überwachen
sie jede Minute ihres Kindes, in der es ›nur singt oder
spielt‹, und fürchten, dabei könne es etwas versäumen.«[3]

Der Lernrhythmus eines heranwachsenden Kindes wird
gestört. Die Kindheitsphase wird übersprungen. Einseitig
werden Logik, Sprache und Denken gefördert. Körper und
Seele, Spiel und Spaß, Entspannung und kindliche Freude
werden vernachlässigt. Das Kind kommt nicht zu seinem
Recht.

Und die Folgen? – Die Eltern erziehen einen Arbeitsro-
boter, der nur Arbeit, Lernen und Leistung kennt. Freizeit
und Genuss sind und bleiben Fremdwörter. Oder das Kind
blockiert eines Tages, verteufelt Leistung und Karriere und
lässt sich treiben.

Gesichtspunkt Nr. 2:
Das Vergleichen entmutigt

Der erste Mord der Weltgeschichte nach der Vertreibung aus dem Paradies ist ein Eifersuchts-Vergleichs-Mord (1. Mose 4). »Sich vergleichen gibt Ärger!«, sagt ein deutsches Sprichwort.

Kain vergleicht seinen Opferrauch mit Abels Opferrauch. Eva vergleicht Kain mit Abel. Was ist notwendiger, Ackerbau oder Viehzucht? Der eifersüchtige Vergleich hat tödliche Folgen.

Wir leben in einer Wettbewerbsgesellschaft, müssen unsere Kinder aber nicht schon in den ersten Lebensjahren mit Vergleichen entmutigen. Der Vergleich fördert die Besten, der Rest bleibt resigniert auf der Strecke. Viele geben auf, weil sie mit den Starken und Besten nicht mithalten können. Wer immer besser sein muss, setzt sich unter enormen Stress.

Der ehemalige Theologieprofessor Helmut Thielicke hat schon bei Eva nach dem Fall die bedenkliche Lebenseinstellung der Urmutter herausgearbeitet, wenn er schreibt: »Kain nämlich heißt: ›Ich habe einen Mann erworben.‹ Damit deutet Eva als stolze Mutter an, dass dieser Sohn die Würde des Erstgeborenen tragen und dass er für sie der Inbegriff von Macht und Stärke sein soll.

Abel dagegen bedeutet so viel wie ›Nichtigkeit, Hinfälligkeit‹. Der jüngere Bruder soll also von Anfang an im Schatten des Älteren stehen. Er ist für die zweite Geige vorgesehen. Er ist der Repräsentant der grundsätzlich Zu-Kurz-Gekommenen. Er ist der notorisch Deklassierte. ... Hat die Mutter Eva recht getan, dass sie durch Vorziehen und Benachteiligen dieses Schicksal der Ungleichheit den beiden schon in die Wiege legte? Nun, Eva handelt jetzt außerhalb des Paradieses; sie ist die Urmutter der Welt – und das geht eben so zu.«[4]

Ich komme auf die Geschichte Zöpfls zurück. Die Mütter in der kleinen Geschichte übertrumpfen sich gegenseitig. Wer ist der *Beste*? Wer ist der *Klügste*? Wer hat es *am weitesten* gebracht? Die Kinder werden es nicht leicht im Leben haben.

Gesichtspunkt Nr. 3:
Der entmutigte Ehrgeizige

In meiner Beratungs- und Seelsorgepraxis habe ich eine merkwürdige Erfahrung gemacht. Die meisten faulen Kinder waren im Kern zutiefst ehrgeizig. Ihr Streben nach Selbsterhöhung und Selbstruhm war in ihnen fest verankert. Nur wenn sie ihre überhöhten Ziele nicht erreichen konnten, ließen sie die Flügel hängen. Sie resignierten. Sie gaben auf. Und sie gaben sich auf.

Der Begriff »entmutigter Ehrgeiziger« stammt von Alfred Adler. Kinder haben das Gefühl, nur etwas wert zu sein,

- – wenn sie *besser* als andere sind,
- – wenn sie *tüchtiger* als andere sind,
- – wenn sie anderen *überlegen* sind,
- – wenn sie anderen und ihren Eltern mit Leistungen *imponieren* können.

In den ersten Grundschulklassen gelingt ihnen das. Auf den höheren Schulen wird die Konkurrenz größer. Sie schaffen es nicht mehr. »Durchschnitt« wollen sie nicht sein. Sie verlieren ihr Selbstvertrauen und glauben, keine Chance mehr zu haben. Mutlos fürchten sie die Zukunft.

Gesichtspunkt Nr. 4:
Können wir unsere Kinder lieben – wie sie sind?

Was hindert uns die Kinder zu lieben – wie sie sind, sie anzunehmen – wie sie sind? Christus hat uns vorgemacht, was

Liebe ist. Wir lieben häufig mit Bedingungen. Wir lieben mit hohen Erwartungen. Wir vergleichen: die Leistungen, das Ansehen und Aussehen, Schnelligkeit, Stärke, Mut, Noten und Intelligenz. Das Kind lernt nicht, sich so anzunehmen, wie es ist, seine Gaben und Fähigkeiten zu bejahen. Ein Kind, das sich bejaht, schaut nicht neidisch auf andere, muss sich nicht ständig vergleichen, wird nicht extrem missgünstig und muss nicht mit anderen konkurrieren.

Perfektionismus ist eine Überkompensation

Vier Einstellungsmuster verstärken ihn

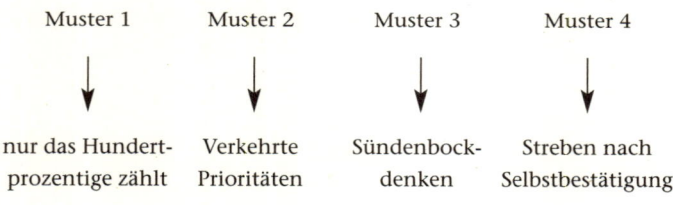

Muster 1	Muster 2	Muster 3	Muster 4
↓	↓	↓	↓
nur das Hundert-prozentige zählt	Verkehrte Prioritäten	Sündenbock-denken	Streben nach Selbstbestätigung

Die Folgen sind:

Verletzungen Demütigungen Selbstbestrafung	Angst, Zorn Selbstverletzung Selbstzerstörung	Minderwertigkeitsgefühle Selbstanklagen Schuldübernahme

Das zweifelhafte Ergebnis:

Ständiges Machtstreben   *Selbstabwertung*   *Resignation*

Ständiges Machtstreben	Selbstabwertung	Resignation
– Ich muss der Beste sein.	– Ich gelte nur,	– Ich tauge nichts.
– Ich muss überlegen sein.	… wenn ich hilflos bin,	– Ich kann nichts.
– Ich muss führen, herrschen, bestimmen.	… wenn ich mich klein mache,	– Ich bin nichts.
– Ich muss mich durchsetzen.	… wenn ich mich unterwürfig verhalte,	– Ich ziehe mich zurück.
– Ich muss Konkurrierende ausschalten.	… wenn ich nachgebe.	– Ich resigniere.
		– Ich gebe auf.

Das Alles-oder-nichts-Denken wird offenbar.

KAPITEL 5

14 Kennzeichen eines Perfektionisten

Perfektionismus ist eine Persönlichkeitseigenart, die unterschiedliche Einstellungs- und Verhaltensmuster spiegelt. Die wesentlichen Strategien können so beschrieben werden:

Kennzeichen 1:
Perfektionisten sind intolerant

Weil der Perfektionist von sich und anderen das Beste und Vollkommene fordert, wird er intolerant. Er kritisiert an anderen und an sich herum. Mängel und Fehler fallen ihm sofort ins Auge. Seine hohen Maßstäbe kann er nicht verleugnen. Seine Erwartungen sind kaum zu erfüllen. Seine Nörgelei macht das Zusammenleben und die Zusammenarbeit schwer. Großzügigkeit ist für ihn ein Fremdwort und widerspricht völlig seinem Lebensstil. Wer großzügig denkt und handelt, ist in den Augen des Perfektionisten oberflächlich, ungenau und unzuverlässig.

Kennzeichen 2:
»Perfektionisten stehen unter der Tyrannei des Sollens und Müssens«

So hat es die Psychologin der Neoanalyse, Karen Horney, formuliert.[1] Perfektionisten glauben, sie sollten ehrlicher, tapferer, intelligenter, moralischer, schneller, ehrgeiziger – einfach besser sein. Das *Müssen* wird zur Faust im Nacken.

- Sie *müssen* sich anstrengen.
- Sie *müssen* das Beste aus sich herausholen.
- Sie *müssen* perfekt sein.
- Sie *müssen* eine sehr gute Mutter sein.
- Sie *müssen* ein guter Vater sein, ein guter Erzieher und ein guter Christ.

Goethe hat den geistlich völlig falschen Satz formuliert: »Wer immer strebend sich bemüht, den können wir erlösen.« Diese falsche Glaubensüberzeugung spiegelt Selbsterlösung wider. Christus hat *alles* für uns getan. Am Kreuz hat er alle Schuld gesühnt. Kein Müssen und Sollen, Leistungen und fromme Werke können wir uns abzwingen, die sein Erlösungswerk abrunden würden. Ein Liedvers drückt es geistlich korrekt aus: »Nichts hab ich zu bringen, alles, Herr, bist du.«

Kennzeichen 3:
Perfektionisten sind Entweder-oder-Denker

Sie machen etwas ganz oder gar nicht. Sie sind *übergenau*, *übergewissenhaft*, *übermoralisch*, *übertreu* – oder sie lassen es ganz. Nur wenige kapitulieren vor diesen himmelstürmenden Forderungen. Sie fallen ins Gegenteil. Resignation und völlige Inaktivität sind die Folge ihrer Selbstüberforderungen. Wer nicht zur Vollkommenheit ja sagt, landet unweigerlich in der lähmenden Verzweiflung. Mittelmaß und Durchschnitt werden abgelehnt.

Ich hatte einen Oberschüler in der Beratung. Aufgrund seiner Leistung hatte er eine Klasse übersprungen. Er schrieb

Einsen und Sechsen. Wenn er Aufgaben auf Anhieb nicht lösen konnte, gab er leere Blätter ab. Ein ausgesprochenes Entweder-oder-Denken. Entweder bin ich geliebt oder gehasst. Entweder bin ich der Beste oder der Schlechteste. Entweder bin ich wertvoll oder ich bin wertlos.

Der Seher Johannes formuliert im Sendschreiben an die Gemeinde in Laodizea: »Ich kenne deine Werke, dass du weder kalt noch heiß bist. Ach, dass du kalt oder heiß wärest. Also, weil du lau bist und weder heiß noch kalt, werde ich dich ausspeien aus meinem Munde« (Offenbarung 3, 15-16).

Für Menschen, die fünfe gerade sein lassen, die »kleine Lügen« und »Kavaliersdelikte« für harmlose Spielereien halten, ist das Bibelwort eine hilfreiche Zurechtweisung. Aber für Christen, die in ihrem Glaubensleben Perfektionismus auf ihre Fahnen geschrieben haben, kann dieses Wort Gift sein.

Ein amerikanischer Psychiater, Bernhard H. Shulman, behauptet: »Entweder-oder-Denken ist die Vorstufe zur Psychose.«[2]

Auf eine kurze Formel gebracht, können Aussagen solcher Menschen dann lauten:

- »Entweder kaufe ich mir einen erstklassigen und wertvollen Mantel oder ich verzichte darauf.«
- »Entweder trinke ich einen erstklassigen Sekt oder ich bleibe bei Selters.«
- »Entweder wird das Konzert ein wirklicher Genuss, dann bezahle ich auch den teuersten Platz, oder ich schenke mir das Vergnügen.«
- »Entweder du gehorchst deinen Eltern oder du kannst sofort deine Koffer packen und auf Nimmerwiedersehen verschwinden.«
- »Entweder gewinne ich dieses Risiko, das ich eingehe, oder ich verliere alles.«

Wer als Christ mit perfektionistischen Zügen entdeckt, dass er die Vollkommenheit in erster Linie nicht erreicht, wirft alles hin und fällt ins andere Extrem. Das Streben nach Selbstgerechtigkeit und Gottähnlichkeit wird sichtbar.

Kennzeichen 4:
Perfektionisten sind unzufrieden

Wie erklären wir uns das? Ihre Ziele sind zu hoch. Sie jagen Idealen nach, die Frustrationen, blutige Nasen, Angst und Entmutigungen zur Folge haben. Sie fallen von einem Extrem ins andere. Wird die Perfektion nicht erreicht – und wer erreicht sie schon –, melden sich Enttäuschungen, mangelnde Lebensfreude und Unglücklichsein. Die Überanstrengungen haben sich nicht gelohnt. Viele Unzufriedene huldigen dem Perfektionismus. Sie wollen zu viel und bauen systematisch an ihrer Unzufriedenheit. Unzufriedene Menschen und Christen sind *fehlerorientiert*. Sie sehen die Mängel und nicht den Erfolg. Sie schauen auf die Lücken und nicht auf das Gelungene. Sie schauen wie Petrus auf das Wasser und nicht auf den Herrn. Wer fehlerorientiert ist, erzieht sich zur Unzufriedenheit und zur Selbstkritik.

Kennzeichen 5:
Perfektionisten leben gefährdet

»Wo Perfektion zum Tode führt.« – Das ist die Zwischenüberschrift eines Beitrags in der Zeitschrift GEO über wissenschaftliche Untersuchungen von schweren Unglücksfällen und Katastrophen. Die Autorin berichtet von Untersuchungen über »menschliches Versagen« und zitiert dabei den Psychologen der Universität Hamburg-Harburg, Professor Theo Wehner:

»Kinder sind ein ideales Studienobjekt für Fehlerforscher. Nicht nur, weil sie am laufenden Band köstliche, aber auch enervierende ›Fehlleistungen‹ produzieren, sondern weil sie jedem Beobachter zu einer wichtigen Erkenntnis verhelfen, dass ein Leben ohne Fehler im Grunde unmöglich, ja unmenschlich ist. ... Was ist ein Fehler? Ein Fehler ist die Abweichung von Wahrheit. Aber von welcher? Absolute Wahrheit, das wissen Erkenntnistheoretiker ebenso wie Theologen, ist menschlicher Kenntnis prinzipiell entzogen. Was heute grundfalsch erscheint, kann morgen, in einem anderen Zusammenhang, goldrichtig sein. Fehler und Irrtümer eröffnen häufig neue Möglichkeiten und bieten unerwartete Einsichten in Bestehendes. Wenn sich Lebewesen fortpflanzen, kommt es immer wieder zu ›Kopierfehlern‹ bei der Weitergabe von Erbinformationen. Solche Mutationen – wörtlich ›Veränderungen‹ – produzieren im Laufe der Zeit immer wieder neue ›Modelle‹, aus denen sich neue Arten und schließlich neue Gattungen entwickeln.«[3]

Aus den Untersuchungen ergeben sich einige Schlussfolgerungen:

1. Die Forscher behaupten, dass wir aus Fehlern nur lernen können. »Aus Schaden wird man klug«, sagt das Sprichwort.
2. Fluglehrer, die Flugschüler an Simulatoren ausbilden, haben dabei entdeckt, dass es sogenannte »Überflieger« gibt, die nie einen Fehler bei den Simulationen machen. Diese sind gefährdeter als andere, weil sie innerlich zu sicher sind und aus Fehlern nicht gelernt haben.

3. Die Automatisierung hat unbestritten große Vorteile. Der große Nachteil ist, dass die Arbeiter nicht lernen, im Ernstfall Improvisationstalent, Kombinationsgabe und Phantasie zu entwickeln. Wer nicht mit Fehlern operiert, wer nicht aus Fehlern lernen kann, wird zur falschen Sicherheit verleitet. Nur die Fehler bei Flugzeugabstürzen, Tankerunglücken, Häuser- und Brückeneinstürzen sorgen für Gefahrenverminderung. Fehlerlosigkeit ist ein Fehler. Auch geistlich ist Fehlerlosigkeit eine schwere Sünde, die Einbildung beinhaltet Hochmut.

Kennzeichen 6:
Perfektionisten streben das Absolute an

Sie halten Mittelmäßigkeit für ein Versagen, eine Durchschnittsleistung ist nicht der Rede wert. Nur das Optimale zählt. Das Überdurchschnittliche, das Utopische.

Ich hatte einen Mann in der Beratung, der in seinem Beruf als Leiter einer großen Konzernagentur unglücklich war. Nervlich stand er vor dem Zusammenbruch. Ein Arzt hatte ihn mit Beruhigungspillen gedämpft. Nur seine himmelstürmenden Ziele waren nicht gedämpft. Mehrere Male in seinem Leben hatte er schon den Beruf gewechselt. Nicht zufällig war er dreimal verheiratet und die Unzufriedenheit mit der jetzigen Frau kam in allen Äußerungen zur Sprache. Nebenbei erzählte er mir, dass er einen guten Kassettenrecorder suchte. Er sei schon in allen Wuppertaler Geschäften gewesen, aber das Gesuchte hätte er nicht gefunden. »Was darf der Kassettenrecorder denn kosten?«, fragte ich arglos. Und er antwortete ganz selbstverständlich: »Zwischen dreitausend bis achttausend Euro.« Er verstand das nicht als Witz. Der Mann suchte die Vollkommenheit, das Absolute, das Utopische. Utopia ist ein Land, das es nicht gibt. Immer wieder sprach er von der »göttlichen Musik«, von einem »göttlichen Spiel« und von »absoluter Spitze«. Während er mir das alles erzählte, schrieb ich auf ein großes weißes Blatt den Satz: »Sie wollen wie Gott sein. Ich glaube felsenfest, dass es misslingt.« Das Blatt Papier schob ich ihm über den Tisch. Er lächelte: »Ich muss es probieren, sonst kann ich nicht mehr leben!«

Das Allmachts- und Gottähnlichkeitsstreben steckt vielen Menschen im Blut. Es ist die Ursünde der Menschen. Gibt es deshalb so viele Perfektionisten, die dieses unmenschliche und un-geistliche Ziel nicht aufgeben?

Kennzeichen 7:
Perfektionisten sind herrschsüchtig

Wer überragende Leistungen anstrebt, sich mit seinen Ansprüchen und Erwartungen über den Durchschnitt erhebt, wird unter der Hand herrschsüchtig.

Seine *Maßstäbe* geben den Ton an, seine *Erwartungen* bestimmen das Klima, seine *Ansprüche* beschreiben die hochgesteckten Ziele.

Perfektionisten suchen Bewunderung und Anerkennung. Kinder und Partner werden schnell zu Vorzeigemenschen. In den hohen Erwartungen verstecken sich Macht und Herrschaft. Wer hohe Ziele anpeilt, schaut vielleicht ungewollt auf andere herab, die sich mit kleinen Zielen zufrieden geben. Mittelmäßigkeit und Durchschnitt sind für Perfektionisten inakzeptabel. Sie üben Druck aus, manipulieren ihre Umgebung und puschen sie nach vorn.

Perfektionisten können Tyrannen sein. Eltern treiben ihre Kinder an. Eheleute stacheln sich gegenseitig an und Vorgesetzte fordern Überdurchschnittliches von ihren Untergebenen. Perfektionisten nutzen Menschen für ihre Zwecke aus. Sie können unempfindlich und hartherzig sein, aggressiv werden. Allerdings müssen sie mit Widerstand rechnen. Nicht alle Kinder, Partner oder Kollegen stimmen mit den anstrengenden Leitmotiven überein. Sie wehren sich verbal, ziehen sich zurück, stellen sich dumm, machen in hilflos oder werden krank. Die Herrschaft der Perfektionisten hat nur eine begrenzte Wirkung.

Kennzeichen 8:
Perfektionisten sind einsame Spitze

Sie haben sicher schon den Ausdruck gehört: »Der Mann ist einsame Spitze.« Der Mann ist hervorragend – aber einsam. Er hat keine Zeit, die Arbeit frisst ihn auf. Das Streben, anderen überlegen zu sein, Aufgaben perfekt zu erledigen, alles unter Kontrolle zu haben, utopische Ziele zu erreichen, die überhöhten Maßstäbe zu erfüllen, macht unzufrieden, überfordert und beeinträchtigt die Gemeinschafts- und Freundschaftsfähigkeit. Wer alles besser kann und besser machen will, wird vielleicht bewundert und geachtet, aber nicht geliebt. Er belastet seine Umwelt mit ständiger Selbstkritik, mit Klagen und Anklagen. Einsame Spitze, das ist eine Superleistung. Aber an der Spitze kann nur einer stehen. Rechts und links, vorne und hinten gibt es keine Freunde. Isolation und Einsamkeit sind der Preis des Perfektionisten.

Kennzeichen 9:
Perfektionisten brauchen einen Sündenbock

Perfektionisten produzieren ein übertriebenes Überlegenheitsgefühl. Das Zusammenleben mit ihnen ist schwierig.

Ihr Gemeinschaftsgefühl ist negativ. Wenn ihre hohen Ziele verfehlt werden, sind immer die anderen schuld.

- »*Wenn* mein Vater mich mehr gefördert hätte ...«
- »*Wenn* meine Mutter mich mehr geliebt hätte ...«
- »*Wenn* mein Bruder sich nicht an mich gehängt hätte ...«
- »*Wenn* meine Großeltern mehr Zeit für mich gehabt hätten ...«
- »*Wenn* Gott mir mehr Chancen gegeben hätte ...«

Wenn der Mythos der Überlegenheit nicht seine volle Befriedigung findet, wird anderen die Schuld in die Schuhe geschoben. Perfektionisten können keine Niederlagen ertragen. Um überleben zu können, brauchen sie Sündenböcke. Denn Fehler, Schwächen, Mängel und Minuspunkte dürfen nicht sein. Perfektionisten wollen das Besondere, das Außergewöhnliche, das Makellose.

Kennzeichen 10:
Perfektionismus als Nachäffung der Glaubensvollkommenheit

Der amerikanische Seelsorger David Seamands geht schonungslos mit Perfektionisten ins Gericht. Er schreibt:

»Ich möchte unser Augenmerk auf eine Art von Depression richten, die durch ein angeschlagenes Gefühlsleben entsteht, vor allem durch eine geistliche Verzerrung, die man Vollkommenheitsstreben nennt – mit einem Wort: Perfektionismus. ... John Wesley hat das folgendermaßen ausgedrückt:

›Manchmal wird die hervorragende Eigenschaft, ein zartes Gewissen zu besitzen, bis zum Äußersten strapaziert.‹

Wir finden einige, die sich fürchten, wo nichts zu fürchten ist, die sich ständig und ohne Grund anklagen und sich einreden, etwas sei sündig, was die Schrift doch in keiner Weise verdammt, und andere Dinge für ihre Pflicht halten, von denen die Schrift nichts sagt. Man nennt das ein ängstliches Gewissen, und das ist ein schlimmes Übel. Es ist äußerst wünschenswert, dass man ihm so wenig wie möglich nachgibt, vielmehr sollte man darum beten, dass man von diesem schweren Übel errettet wird und wieder einen klaren Verstand bekommt.«[4]

Seamands ergänzt:

- dass er in der Seelsorge mit keinem anderen Symptom mehr Probleme hat als mit dieser »geistlichen Versklavung«;
- dass diese Menschen, die mit sich nicht zufrieden sind, auch mit Gott nicht zufrieden sind;
- dass diese Menschen mit einem überempfindlichen Gewissen herumlaufen und sich ständig selbst verdammen.

Kennzeichen 11:
Perfektionisten sind Nisiten

Alfred Adler nannte die Neurotiker »Nisiten«, abgeleitet aus dem lateinischen Wort *nisi* = »Wenn nicht«. Perfektionisten sind im Grunde Neurotiker, seelisch Gestörte. Sie schieben die Schuld auf die Umstände, auf die andern. Sie halten ihren Kopf nicht hin, wollen die Schuld nicht bei sich sehen. Sie streben das Vollkommene an. Gelingt es ihnen nicht, haben sie plausible Ausreden bereit. Sie greifen zu den schlichten Wörtern »wenn nicht ...«.

- »Wenn nicht meine Mutter so unordentlich und großzügig gewesen wäre, hätte ich die vollkommene Ordnung gelernt.«
- »Wenn ich nicht vier Kinder hätte, sähen meine Wohnung und der Garten vollkommen aus.«
- »Wenn ich nicht dauernd über Geldmangel klagen müsste, hätte ich eine optimale akademische Ausbildung erhalten.«
- »Wenn die Regierung nicht so liberal wäre, gäbe es in Deutschland keine Abtreibung.«
- »Wenn ich nicht diesen Alkoholiker geheiratet hätte, wären alle meine Kinder sehr gut geraten.«
- »Wenn ich nicht als alleinstehende Mutter die Doppelrolle übernehmen müsste, wäre mein Sohn ein Geigenvirtuose geworden. Ich wollte, aber alles kann ich nicht alleine schaffen.«

Die andern, die Umstände, die Regierung, die Kirche, die Eltern, der Partner, die Luft usw. sind schuld, dass der Perfektionismus auf der Strecke blieb. Zurück bleiben Unzufriedenheit, Unglücklichsein und Resignation. Das Schieben auf den Perfektionismus ist selbstzerstörerisch.

Kennzeichen 12:
Perfektionisten sind stressblind

Stressblindheit meint, dass der Mensch kein Gespür dafür hat, was er seinem Körper zumuten kann. Der Perfektionist hat nur ein wahnwitziges Ziel vor Augen. Dafür treibt er mit seinem Körper Schindluder. Er will es zwingen und übernimmt sich. Der Erfolg bedeutet ihm alles, die Gesundheit wenig, deshalb verliert er sie aus den Augen.

Wenn von Perfektionismus die Rede ist, sind Ordnungsliebe, Korrektheit, selbst eine milde Pedanterie, Flexibilität, Durchsetzungsfähigkeit, Überblick und Offenheit für neue Probleme *nicht* gemeint.

Der Perfektionist verfügt sehr oft nicht über diese positiven Verhaltensweisen. Seine Motivation ist ein irrationaler Ehrgeiz. Ihn bestimmen zwanghaft starre, schematische Ordnungsprinzipien, zeitraubende und ängstliche Überkorrektheit. Identifizierung mit dem persönlichen Erfolg statt mit der Aufgabe, Mangel an Beweglichkeit und Offenheit für neue, einfache Lösungen.

Genau diese Eigenschaften machen den Perfektionisten empfindlich, er ist leicht *kränkbar*, und das Wort sagt es deutlich, dass ihn diese Kränkbarkeit krank macht. Der Vater der Stressforschung, Hans Seleye, beschreibt treffend den Perfektionisten und seine psychosomatischen Beschwerden:

»Der stressblinde Mensch ist ein Perfektionist. Er ist äußerst ungeduldig mit seinen ihm untergebenen Mitarbeitern. Er ist überpedantisch und will jede Arbeit lieber selbst erledigen, als sie andere tun zu lassen. Interessant ist, dass nicht nur seine Arbeit Stress in ihm erzeugt. Häufiger stammt der Stress von einer Vielfalt von Zielen, die er sich gesetzt hat, und die Wirkung dieses Umstandes wird durch seine eigene Einstellung zu diesen Zielen gesteigert. Der stressblinde Mensch kompensiert auf eine unheilvolle Weise. Er isst zu viel, er raucht im Übermaß, er trinkt zu viel und vor allem übernimmt er sich sehr mit geschäftlichen und sozialen Verpflichtungen, dass ihm keine Zeit mehr für die Bewegung in der freien Luft bleibt. Was geschieht? Die Antwort ist recht einfach und verständlich. Er bringt es zuwege, dass seine Drüsen den Körper mit Extrabrennstoff für seine außerordentlichen Anstrengungen versorgen. Weil diese stressblinden Menschen dauernd um den Erfolg besorgt sind und ständig enttäuscht werden, reagiert ihr Organismus so, als ob er ständig eine Last zu tragen hätte. Das Ergebnis ist eine starke Zunahme des Blutcholesterins und der Fettmoleküle im Blutstrom. Diese vergrößern ihrerseits die Gefahr einer Thrombose, besonders wenn die anderen Faktoren — Vererbung und fettreiche Kost – bereits gegeben sind.«[5]

Seleye beschreibt sehr anschaulich, dass der Perfektionist nicht von äußeren Umständen und unabwendbaren Gegebenheiten stresskrank und stressblind wird. Der Mensch schafft sich seinen Lebensstil selbst. Selbstverantwortlich entscheidet er sich für ein *Bewegungsgesetz*, das von Ehrgeiz, Überlegenheitsstreben und von Begierde nach Anerkennung bestimmt wird. Seine hohen Ziele ziehen einen Rattenschwanz von weiteren Stressoren nach sich. Unruhe, Nervosität und übermäßiges Rauchen und Trinken werden zur stressenden Begleitmusik.

Kennzeichen 13:
Perfektionisten landen im Selbsthass

Perfektionisten leiden unter der Tyrannei des Unerreichbaren. Je höher die Ziele und Wertmaßstäbe, desto tiefer das Fallen und die Resignation.

Sie ärgern sich über sich selbst, über die andern, über Gott. Sie pflegen utopische Träume und kämpfen wie Don Quichotte gegen Windmühlenflügel. Angst, Wut und Zorn sind die ständigen Begleiter dieser Menschen.

Der Franziskanerpater Richard Rohr hat nicht umsonst die Wurzelsünde dieser Menschen mit Zorn charakterisiert.

Warum ist das so?

- Weil sie nicht fünfe gerade sein lassen können, müssen sie auf sich und andere zornig reagieren.
- Weil sie vollkommen sein wollen, werden Ärger und Zorn verdrängt, um vor Mitarbeitern und Mitmenschen als Vorbild dazustehen.
- Weil Ärger, Wut und Zorn äußerlich nicht zugelassen werden, schlägt sich der Mensch mit Krankheiten aller Art, die sich im Körper verdrängt zu Wort melden.

Bleibt der angestrebte Erfolg aus, geraten Perfektionisten in die Selbstablehnung. Plötzlich drehen sie den Spieß um und nehmen jetzt alle Schuld auf sich. Sie fügen sich selbst Schmerzen und Verletzungen zu. David Seamands beschreibt diese Selbstabwertung so:

»Die Selbstablehnung nimmt auch dann pathologische Formen an, wenn Menschen sich allmählich durch Alkohol, Drogen, exzessives Rauchen oder gravierende Essensstörungen, wie Anorexie oder Bulimie, zugrunde richten. Am Ende steht dann der Selbstmord als rapide Form der Selbstvernichtung. In jedem anerkannten Buch über den Selbstmord junger Menschen ergeht eine ernste Warnung an alle diejenigen Erwachsenen, die meinen, das Leben sei ohne Perfektionismus nicht zu ertragen. Wir alle sind den tragischen Folgen dieser Art von Selbsthass schon begegnet, selbst bei Menschen, die sich aufrichtig bemühen, gute Christen zu sein.«[6]

Wer sich mit Messern ins eigene Fleisch schneidet, wer sich die Haare ausrauft, wer sich wütend in die Ärmel beißt, wer sich wissentlich körperlich und seelisch Schaden zufügt, der hat in der Regel den Perfektionismus zum Leitmotiv seines Lebens gemacht.

Kennzeichen 14:
Perfektionisten haben zu hohe Erwartungen

Erwartungen spielen im täglichen Leben eine große Rolle. Wir alle haben Erwartungen im Kleinen und Großen, realistische und unrealistische. Falsche Erwartungen können unser Lebensgefühl verdunkeln. Zu hohe Erwartungen können unglücklich machen.

Ein Beratungsbeispiel: Frau Hofer, eine Frau von 36 Jahren, kommt in die Seelsorge. Sie ist seit acht Jahren verheiratet und zwei Kinder von vier und sechs Jahren gehören zur Familie. Sie ist adrett gekleidet. Ihre Haare sind sorgfältig gekämmt. Ihr Gesicht dezent geschminkt. Die Schuhe glänzen und sind gut auf Kleid und Tasche abgestimmt. In der Hand hält sie eine Handtasche, die farblich hervorragend die Kleiderfarbe und einen Teil der zweifarbigen Schuhe widerspiegelt. Mein erster Eindruck: eine Frau, die mir wie aus einem Modejournal leibhaftig entgegentritt. Ich bitte sie, Platz zu nehmen, und es dauert eine Weile, bis sie das Handtäschchen korrekt im rechten Winkel zum Tisch abgelegt, ihren Rock gerade gezupft und ihre Hände artig über dem Schoß gefaltet hat. Ihre Sprechweise ist äußerst präzise und man spürt, sie hat ihr Anliegen schon etliche Male im Geist formuliert.

»Ich bin acht Jahre verheiratet und acht Jahre lang unglücklich. Meine Erwartungen an den Mann, an die Ehe, an die Kinder, an den Glauben, an das Leben in einer Freikirche haben sich nicht erfüllt. Ich bin enttäuscht, meine Ideale sind zerbrochen. Und mein Mann sagt: ›Das liegt nur an dir!‹ Ich verstehe das nicht. Kann man denn als Christ zu hohe Maßstäbe haben? Erlaubt mir die Bibel, lasch und großzügig zu sein?«

Sie schaut mich aus großen Augen an und erwartet meine Antwort. Mir geht es an dieser Stelle nicht darum, den kompletten Seelsorgeprozess zu beschreiben, sondern in einigen Hinweisen zu verdeutlichen, was die Frau im Klartext ausdrückt und wo ihre Konflikte liegen.

Hinweis 1:
Der Perfektionist wird in seinem Vollkommenheitsstreben nie ein glücklicher Mensch. Glück spiegelt Zufriedenheit wider. Zufrieden kann er nicht sein, weil *alles*, was er denkt, fühlt, glaubt und tut, verbesserungswürdig ist. Wie sagt Frau Hofer: »Ich bin acht Jahre verheiratet und acht Jahre unglücklich.«

Hinweis 2:
Der Perfektionist hat Idealvorstellungen und landet in der Verzweiflung. Frau Hofer geht mit Idealvorstellungen an ihre Umgebung, an ihre Ehe, an die Kinder, an den Glauben und an das Leben heran. Ideale Maßstäbe, die wir hegen und pflegen, rufen Bitterkeit und Resignation hervor. Je höher die Ideale, desto tiefer die Enttäuschungen. Dieser Zusammenhang wirkt wie ein Naturgesetz. Wie sagt Frau Hofer: »Ich bin enttäuscht, wenn Ideale nicht zutreffen.«

Hinweis 3:
Der Perfektionist will überall perfekt sein. Die meisten Menschen, die Perfektionismus auf ihre Fahne geschrieben haben, streben auf vielen Gebieten Perfektion an. Frau Hofer ist äußerlich eine makellose Frau. Haare, Schuhe, Kleider und Handtasche sind hervorragend aufeinander abgestimmt. Auch äußerlich wirkt sich der Perfektionismus aus.

Hinweis 4:
Der Perfektionist erscheint der Umgebung wie ein Tugendmensch. In vielen Gemeinden wird Perfektionismus als nachahmenswerte Tugend empfohlen. Haltung, Gesinnung,

Glaube und Leben erscheinen den Mitmenschen als mora-
lisches Vorbild. Das aber der Pharisäismus durch alle Ritzen
schimmert, das bleibt vielen Christen verborgen. Ganz
davon abgesehen, dass Perfektionisten mit ihren Idealvorstellungen oft zu Tyrannen werden. Die Umgebung wehrt
sich. Die Ansprüche sind zu hoch. Der Widerstand wird
deutlich. Die Umgebung flieht vor der Tyrannei. Wie sagt
Frau Hofer: »Meine Tochter ist ein Chaosmädchen. Mit vier
Jahren macht sie noch in die Hose. Mein Sohn geht das
erste Jahr zur Schule und ist ein Versager.«

Hinweis 5:
Der Perfektionist hat in der Tat zu hohe Erwartungen. Das
Beratungsgespräch mit einem Ratsuchenden, der enorm
hohe Erwartungen hat, ist nicht einfach. Frau Hofer sagt:
»Wer sagt Ihnen, dass meine Erwartungen zu hoch liegen?
Müssen Christen nicht wie Paulus den Siegeslorbeer anstreben und dafür gewaltige Opfer bringen? Wer sich auf
dem Weg dahin von tausend Kleinigkeiten abhalten lässt,
der kann gleich aufgeben.«

Ich: »An welche Kleinigkeiten haben Sie gedacht?«

Frau H.: »An Schokolade, an fettes Essen, an Bequem-
lichkeit, an alkoholische Getränke, an Faulenzen, an verschiedene Genüsse usw.«

Ich: »Ein Christenleben besteht also in erster Linie aus
Verzicht und Disziplin?«

Frau H.: »Wenn ich diese Tugenden nicht realisiere,
kann ich alle meine Erwartungen an den Nagel hängen.«

Ich: »Aber alle Ihre Erwartungen haben sich doch nicht
erfüllt, oder?«

Frau H.: »Das stimmt zweifellos. Aber ich kann mich
nicht dazu entschließen, die Erwartungslatte niedriger zu
hängen. Noch glaube ich, dass diese Erwartungen christ-
lich richtig sind.«

Ich: »Sie möchten Ihre Erwartungen nicht reduzieren, auch wenn Ihre gesamte Familie dabei zerbricht?«

Frau H. (blickt verstört vor sich hin und weint): »Dann müssen ja mein christlicher Glaube und meine Lebensüberzeugungen im bisherigen Leben alle falsch und übertrieben gewesen sein!«

Ich: »Vielleicht nicht alle, aber einige.«

Frau H.: »Was soll ich tun?«

Ich: »Darüber sollten wir gründlich und in Ruhe nachdenken.«

Wann sind unsere Erwartungen zu hoch? Wann behindern sie unseren Alltag und unseren christlichen Glauben? Ich habe mir als Seelsorger und Berater eine ganz pragmatische Antwort zurechtgelegt. Sie lautet:

»Meine Erwartungen sind zu hoch,

- wenn ich dadurch große Schwierigkeiten *mit mir* bekomme;
- wenn ich dadurch große Schwierigkeiten *mit andern* bekomme;
- wenn die anderen große Schwierigkeiten *mit mir* bekommen und
- wenn ich große Schwierigkeiten *mit dem lebendigen Gott* bekomme.«

Perfektionismus ist für viele Menschen ein unseliger Begleiter. Er redet ihnen Idealvorstellungen ein, die gelebt und praktiziert werden müssen. Die Maßstäbe, die Perfektionisten sehen, sind unerreichbar. Ihre Normen und Maßstäbe sind höher als die der Mitmenschen. Sich selbst und andere setzen sie mit diesen hohen Idealen und Zielen unter Druck. Ihre Zeit und ihre gesamte Energie investieren sie in dieses Vollkommenheitsstreben. Was der Perfektionist denkt, soll lückenlos sein. Was er macht, muss gründlich und fehlerlos sein. Was er von andern erwartet, muss diese Normen erfüllen. Dass er stressgeplagt ist, erscheint selbstverständlich. Denn Perfektionisten, die alles richtig, alles sauber, alles moralisch und alles formvollendet ausführen wollen, kommen seelisch unter Druck, körperlich in Schweiß und glaubensmäßig in Verzweiflung. Perfektionismus ist harte Arbeit. Und die hohen Ziele – auf welchem Gebiet auch immer – machen den Inhaber unglücklich.

Perfektionismus schafft großes Leiden,

- wenn das angestrebte Ziel nicht erreicht wird;
- wenn Sie sich selbstständig mit Selbstvorwürfen steinigen;
- wenn alle Anstrengungen nicht ausreichen;
- wenn Sie ständig mit anderen unzufrieden sind;
- wenn Ihre Ansprüche die Selbstwahrnehmung verzerrt haben;
- wenn Sie befürchten, zu versagen oder Fehler zu machen;
- wenn Sie befürchten, von anderen überrundet zu werden;
- wenn Sie verspannt, frustriert, enttäuscht und traurig reagieren;

Wie perfektionistisch bin ich?

Ein Selbsterforschungsfragebogen

	stimmt nicht	stimmt etwas	stimmt weit- gehend	stimmt voll
Wenn ich etwas in die Hand nehme, erledige ich die Aufgabe gründlich.				
Alles, was ich schriftlich von mir gebe, ist einige Male geprüft worden.				
Ich lasse nur das raus, was Hand und Fuß hat.				
Mein Lebensmotto: Ich kann nicht gründlich genug sein.				
Mit Menschen, die nicht absolut zuver- lässig sind, habe ich Schwierigkeiten.				
Auch nebensächliche Dinge nehme ich sehr ernst.				
Ich finde Entweder-oder-Einstellungen am hilfreichsten.				
Alles Oberflächliche ist mir zuwider.				
Ich liebe Formulierungen wie »präzise«, »klar«, »exakt«, »absolut« und »genau«.				
Erwartungen, die an mich gestellt werden, will ich übertreffen.				
Briefe, Zeitungen, Benachrichtigungen und Botschaften lese ich sehr genau.				
Schwarz-Weiß-Urteile helfen mir am meisten. Wenn ich ein Bild gemalt, einen Brief entworfen und eine Arbeit vollendet habe, möchte ich noch viele Korrekturen anbringen.				
Ich lege Wert darauf, dass Bibellesen, Gebet und Stille Zeit pünktlich eingehalten werden.				
Fehler und Versäumnisse kann ich mir nicht verzeihen.				

Hinweise für den Fragebogen

- Füllen Sie bitte den Bogen ohne langes Nachdenken aus. Sie können auch die Fragen von Ihrem Partner, Ihrem Freund/Freundin ausfüllen lassen.

- Wenn Sie mehr als 6-mal »stimmt voll« angekreuzt haben, sind Sie sehr wahrscheinlich ein Perfektionist, der mit sich und anderen Menschen schnell Probleme bekommt.

- Wenn Sie mehr als 10-mal »stimmt etwas« oder »stimmt weitgehend« angekreuzt haben, ist auch der Verdacht hoch, dass Sie zum Perfektionismus neigen.

- Wenn Sie die 15 Fragen noch einmal durchgehen, welche drei Aussagen stören Sie am meisten? Sind Sie bereit, die Probleme, die sich daraus ergeben, ins Gebet und in Arbeit zu nehmen?

- Wenn Sie mit sich unzufrieden oder psychosomatisch belastet sind, sollten Sie eventuell einen Fachseelsorger oder Berater/Therapeuten aufsuchen, um Ihren Selbstanspruch zu dämpfen.

KAPITEL 6

Perfektionismus und Co-Abhängigkeit

In den letzten Jahren hat sich ein Begriff im therapeutischen Denken durchgesetzt, der mit »Co-Abhängigkeit« beschrieben werden kann. Der Begriff tauchte in den 70-er Jahren zum ersten Mal in der Beratungsszene auf. Abhängigkeit ist von der WHO, der Weltgesundheitsorganisation, klar definiert:

– Ein Mensch ist abhängig – seelisch oder körperlich – von Alkohol oder anderen Drogen.
– Ein Mensch ist abhängig vom Essen (Ess-Sucht), vom Hunger (Magersucht), vom Spielen (Spielsucht), vom Putzen (Putzsucht), von der Arbeit (Arbeitssucht), von der Ehre (Ehrsucht) usw.

Co-Abhängigkeit wird heute weiter gefasst und meint,

– dass sich Angehörige von Drogenabhängigen und anderen Süchtigen als Helfer, als Kümmerer und als Verantwortliche sehen und dem Abhängigen perfekt in die Hände spielen;
– dass Frauen und Männer, Eltern und Angehörige sich als Aufpasser aufspielen;
– dass sie als Angehörige im Zusammenleben mit Abhängigen ihr eigenes Leben nicht mehr meistern können;
– dass sich Angehörige und Helfer von abhängigen Menschen beeinflussen lassen und das Verhalten des anderen kontrollieren müssen;

- dass sich Kinder, Erwachsene, Liebhaber, Ehepartner, Brüder und Schwestern, Großeltern und Eltern, Freunde und Verwandte um Drogenabhängige, körperlich Kranke, behinderte und normale Menschen, die mal völlig down sind, zwanghaft kümmern müssen;
- dass sie zur Besessenheit werden kann, fanatisch helfen zu wollen, um ein schwaches Selbstwertgefühl zu überbrücken, um Schuldgefühle auszugleichen, und dass sie zur Selbstaufgabe führen kann;
- dass sie zu erheblichen Beziehungsproblemen führen kann, zu Intimschwierigkeiten und zum Leiden;
- dass diese Menschen aus Sorge um andere Menschen krank werden können;
- dass sie gutartig, besorgt, verständnisvoll und verantwortungsbewusst sind, aber des Guten in der Regel zu viel tun;
- dass diese Menschen *reagieren* müssen; sie handeln also reaktiv und übermäßig;
- dass sie eine Krankheit, eine neurotische Verzerrung sein kann, aber nicht muss.

Das Schlimmste aber ist, dass Menschen in ihrer Umgebung krank und abhängig bleiben.

Mit anderen Worten: Der Begriff »Co-Abhängigkeit« wurde zuerst für Angehörige und Freunde von Süchtigen verwendet. Heute wird das Wort *auch* für alle Mitabhängigen genutzt, die sich vom Normalen und Gesunden abhängig fühlen. Co-Abhängigkeit ist eine schlimme Gewohnheit, sich um andere kümmern zu müssen. Sie dringen ungefragt ins Privatleben ein, bestimmen und kontrollieren. Ihre Erklärungen sind gleichlautend:

Wir tun das aus Liebe. Wir tragen Verantwortung. Wir dürfen den anderen nicht hängen lassen. Jeder versucht die Bedürfnisse des anderen zu erspüren. Er macht sich auf die Suche, die Vorlieben der anderen zu erkennen.

Co-Abhängige haben Erwartungen

Machen wir uns klar: Jeder Mensch hegt Erwartungen, kleine und große. Wir haben Vorstellungen von der Liebe, von der Ehe, vom Zusammenleben, vom Sex. Je größer unsere Abhängigkeit von anderen, desto größer unsere Erwartungen. Wo liegen die Fehler?

Je größer unsere Erwartungen, desto tiefer unsere Enttäuschungen. Hohe Erwartungen sind Beziehungsfehler. Hohe Erwartungen machen unglücklich und unzufrieden. Sie machen uns leicht zu Nörglern, Kritikern und Anklägern. Die Lebensfreude und die Zufriedenheit büßen wir ein. In der Tat: Hohe Erwartungen sind Beziehungskiller.

Es gibt Menschen, die danach streben, auf alle Erwartungen zu verzichten und von Augenblick zu Augenblick zu leben. Alfred Adler konnte den beherzigenswerten Satz sagen: »Stelle deine Sache auf nichts.« Das ist ein kluger und therapeutischer Satz, der für unsere zwischenmenschlichen Beziehungen stimmt. Ich habe mir als Christ angewöhnt, zu sagen und zu denken:

»Lege alle Dinge in Gottes Hand.«
Was geschieht, muss an ihm vorbei.
Was gut läuft, ist ein Geschenk.
Was schiefläuft, hat ER auch verantwortet.
Wir fühlen, denken und handeln gelassen.
Wir machen uns nicht verrückt.

Sorgen Sie dafür, dass Ihre Erwartungen realistisch sind. Unrealistische Vorstellungen, Wünsche und Erwartungen rufen bei uns und in der Beziehung Konflikte hervor. Und das Schlimme: Jetzt torpedieren die Störungen im Zusammenleben alle unsere gut gemeinten Bemühungen. Zwanghafte Menschen, und die sind besonders gefährdet, schätzen alle Beziehungen sehr hoch ein. Sie müssen stimmen, müssen funktionieren, müssen hundertprozentig klappen. Dieser Zwang engt den andern stark ein, sodass seine Identität bedroht ist. Co-Abhängige sind wie siamesische Zwillinge aneinandergekettet. Wird der eine befreit, kommt der andere in bedrohliche Situationen. Vielleicht geht einer, vielleicht gehen sogar beide zugrunde.

Wichtig ist aber, dass wir unsere Identität wahren. Unsere Unabhängigkeit muss unangetastet bleiben. Darum müssen Abhängigkeit und Unabhängigkeit in einem ausgewogenen Maß vorhanden sein. Überwiegt die gegenseitige Abhängigkeit, wird die Beziehung problematisch. Einer bekommt Atemschwierigkeiten und Atemnot. Die Luft wird ihm abgeschnitten. Darum haben Co-Abhängige zu hohe Erwartungen. Sie wollen zu viel Gemeinsamkeit.

Kontrolle ist ein spezielles Verhaltensmuster

Sorge, Besessenheit und Kontrolle sind Illusionen. Sie sind Täuschungen, die Co-Abhängige, also Mitabhängige, erzeugen. Sie wollen zwanghaft und besser Probleme lösen und können es nicht.

- Die Kontrolle wird mit großer Energie und Anstrengung erzwungen.
- Der Kontrolleur glaubt, es geschieht im Namen der Liebe.
- Der Kontrolleur glaubt, dass er »nur helfen will«.

- Der Kontrolleur glaubt, er muss es tun, weil er Angst hat, es nicht zu tun.
- Der Kontrolleur kontrolliert, weil er schon immer kontrolliert hat.

Kontrolle ist ein spezielles Problem des Perfektionisten. Er will keine Fehler machen, also muss er kontrollieren. Immer kontrolliert er andere, aber in der Regel auch sein eigenes Leben.

Co-Abhängige haben häufig die Erfahrung gemacht, dass sie mit Menschen zusammenleben, die außer Kontrolle geraten waren. Die Sorgen und Kümmernisse des Betroffenen regen den Co-Abhängigen an zu kontrollieren, um die Probleme nicht eskalieren zu lassen. Perfektionismus und Kontrolle tragen dazu bei, andere Menschen nicht sein zu lassen, wie sie sind.

Sie werden immer wieder

– überredet,
– manipuliert,
– angebettelt,
– bestochen,
– angeschrien und angebrüllt,
– mit Tränen bearbeitet,
– mit Anklagen überschüttet,
– mit Nachlaufen bedrängt und mit Schuldgefühlen gefüttert.

Co-Abhängige mit Verhaltensmustern von Perfektion und Kontrolle verstehen es meisterhaft, anderen Schuldgefühle zu erzeugen. Schließlich ist Perfektionismus eine Fehlerlosigkeit, die Fehler und Schwächen bei anderen sucht und ins Licht hebt. Da sie selbst übergewissenhaft und korrekt sind, wissen sie genau, was andere brauchen. Co-Abhängige leben in Beziehungen, die den Beigeschmack der Zwanghaftigkeit beinhalten. Beide Partner haben etwas Unfreies an sich. Sie sind wie mit einem unsichtbaren Seil aneinandergefesselt. Beide zerren an sich. Es fehlen die Freiheit und Unabhängigkeit.

Das Börsensyndrom

Die Amerikaner Hemfelt (Psychologe) und Minirth und Meier (Psychiater) unterhalten in Amerika die größten christlichen psychiatrischen Kliniken. In vielen Städten haben sie Stationen. Bei der Co-Abhängigkeit sprechen sie gern vom »Börsen-Syndrom«. Wörtlich formulieren sie:

»Ich bin an dein Stimmungsbarometer gefesselt. Wenn du oben bist (Börse), bin ich auch oben. Wenn du unten bist, bin ich auch unten. Ich werde unglücklich, wenn ich spüre, dass du unglücklich bist. Jede Ahnung oder jedes Problem, ob real oder nur eingebildet, schüttelt mich durch. Das ist das Börsensyndrom. Wir erleben sehr oft Klienten, die so eng an das Leben und an das Glück anderer gebunden sind, dass nur jemand im Bekanntenkreis einen schlechten Tag zu haben braucht, und schon ist auch ihr Tag im Eimer. Sie agieren nie, sondern reagieren nur.«[1]

- Das Börsensyndrom ist ein *Zwang*, sich um die Gefühle anderer kümmern zu müssen.
- Das Börsensyndrom ist ein *Kontrollbedürfnis*, sich in perfektionistischer und gesetzlicher Art um andere bemühen zu müssen.
- Das Börsensyndrom ist eine *Dominanz*, den anderen zu kontrollieren und zu beherrschen. Es ist der Co-Abhängige, der alles im Griff haben will – und leidet.

Die Bereitschaft zum Kontrollverzicht ist ein geistliches und christliches Verhalten. Sie ist keine Charakterschwäche, sondern ein Zeichen von Gesundheit. Christus verzichtet vollständig auf Macht und Herrschaft. Er wusch den Jüngern nicht die Köpfe, sondern die Füße. Er diente und war gehorsam bis zum Tod am Kreuz. Wenn Christus unser Vorbild ist, sollten wir auf Macht und Zwang verzichten.

Viele Perfektionisten sind Retter

In Kirche und Gemeinde habe ich oft das Wort gehört: »Gerettet sein gibt Rettersinn.« Ein geistliches Wort. Aber die Hilfe zur Rettung ist kein eigennütziges Getriebensein. Sie ist keine Hilfe zur Selbstbestätigung. Der Rettende will kein Wasser auf seine Mühlen leiten. Die schon genannten drei Autoren des Buches »Mut zur Liebe« drücken dieses Phänomen so aus:

»Es gibt zwei Arten von Leuten, die einen sozialen Beruf im medizinischen Bereich, bei der Polizei, in der Kirche, Lebensberatung und Sozialarbeit wählen: solche, die von Gott und ihrem Gewissen dazu berufen sind, und solche, die von ihrer verborgenen Kodependenz (Co-Abhängigkeit) dazu getrieben werden. Wenn Leute aus der ersten Gruppe ausbrennen, liegt es am Problem: zu lange Arbeitszeiten, unangemessene Bezahlung, zu viele Enttäuschungen im Verhältnis zu den positiven Erwartungen. Bei verbesserten Arbeitsbedingungen wird diese erste Gruppe viele Jahre hindurch produktiv bleiben.

Die anderen jedoch, die von ihrer Kodependenz getrieben wurden, brennen unweigerlich aus und reißen dabei meist noch andere mit. Die Gründe hängen unserer Ansicht nach mit einer der stärksten Kräfte der Kodependenz zusammen, der Dynamik des Rettens.«[2]

Wenn Retten zur hausgemachten Leidenschaft wird, zur Opferbereitschaft, um Lob und Anerkennung einzuheimsen, ist der Burn-out, das Ausbrennen, unumgänglich. Der Retter verausgabt sich. Er geht über seine Grenzen. Er will das Perfekte, das Hundertprozentige. Jeder Fehler soll vermieden werden. Die Vollkommenheit ist sein Prestige und nicht Gottes Werk. Er will es zwingen und kann nicht *alles* in Gottes gute Hände legen. Der Retter, der in seinem Namen dient und arbeitet, arbeitet auch zuverlässig, aber verlässt sich ganz und gar auf Gottes Kraft.

Wir müssen nicht müssen

Kennen Sie das Vokabular vieler Menschen:

– »Ich *muss* unbedingt der Tante Elfriede einen Brief schreiben.«
– »Ich *müsste* eigentlich zur Geburtstagsfeier von Onkel Egon.«
– »Ich *muss* unbedingt da einspringen, sonst geht alles drunter und drüber.«

Nein, wir müssen nicht müssen. Wir dürfen loslassen. Loslassen ist für alle Beteiligten der bessere Weg.

- Loslassen ist kein kalter, feindseliger Rückzug.
- Loslassen ist keine Resignation.
- Loslassen ist nicht Lieblosigkeit und Gefühllosigkeit.
- Loslassen ist kein Ausweichen vor wahren Verpflichtungen.
- Loslassen ist in Wahrheit Liebe.
- Loslassen beinhaltet, Verstrickungen aufzugeben.

- Loslassen bedeutet große Verantwortung für andere Menschen und Probleme abgeben.
- Loslassen meint: Jeder ist zunächst einmal für sich verantwortlich.
- Loslassen meint: Wir halten uns aus Problemen anderer Menschen heraus.
- Loslassen heißt: Wir lassen andere Menschen so sein, wie sie sind.
- Loslassen heißt: Wir geben ihnen die Freiheit, Verantwortung zu tragen und zu wachsen.
- Loslassen heißt: Wir müssen nicht mit Gewalt kontrollieren.
- Loslassen heißt: Wir hören auf, zwanghaft an jemanden zu denken, über ihn zu sprechen, uns über ihn Sorgen zu machen.
- Loslassen heißt: Wir geben den anderen voll in Gottes Hand und befreien uns von der Angst um die Zukunft.

Vertrauen ist das Gegenteil von Angst. Der Co-Abhängige hat Angst, verlassen zu werden. Er klammert den anderen auf verschiedene Weise. Wenn wir Gott vertrauen, haben wir die sicherste Grundlage für Unabhängigkeit und Gelassenheit. Das Müssen hat ein Ende. Die Kontrolle ist überflüssig. Der Zwang kann aufhören. Wer Gott *alles* überlässt, kann loslassen. Einer der wichtigsten Schritte im sogenannten »Zwölf-Schritte-Programm« der anonymen Alkoholiker lautet: loslassen, Gott überlassen.

KAPITEL 7

Alles oder nichts

Kennen Sie das Lebensprinzip »Alles oder nichts«? Es ist ein Thema, das viele Menschen umtreibt. Sogar im Fernsehen wurde »Alles oder nichts« zu einer beliebten Sendung. Alles gewinnen oder alles verlieren. Viele praktizieren diese Grundeinstellung, ohne dass sie ihnen bewusst ist. Das Leben erfährt eine Schwarz-Weiß-Einstellung. Die Devise lautet:

- Sekt oder Selters.
- Das Kostbarste oder das Billigste.
- Eine Laus oder Napoleon.
- Sieg oder Niederlage.
- Erfüllung oder Tod.

Wir wollen alles wissen

Schon die ersten Menschen im Paradies hatten mit dem Entweder-oder-Denken ihre Probleme. Der Teufel packt sie genau an dieser Schwachstelle. »Ihr werdet sein wie Gott.« Denn bisher kannten sie nicht die *volle* Wahrheit. Gott hatte ihnen die dunkle Seite vorenthalten. Er wollte ihnen das wirkliche Paradies schenken und keine menschliche Hölle.

Aber der Mensch gibt sich mit Halbwissen und Halbheiten nicht zufrieden.

- Er will *alles* wissen.
- Er will *alles* machen.

- Er will *alles* dürfen.
- Er will *sein wie Gott.*

Der Mensch hat der Stimme Satans mehr Gehör geschenkt als der Stimme Gottes. Offensichtlich muss das Prinzip »Alles oder nichts« eine ungeheure Anziehungskraft haben. Der Mensch setzt dabei sein Leben aufs Spiel und das Paradies. Wie lauten die Redewendungen, die dieses extreme Denken verkörpern?

- Ganz oder gar nicht.
- Schwarz oder weiß.
- Lieber tot als rot.
- Butter oder Kanonen.
- Sieg oder Untergang.
- Kleckern statt klotzen.
- Alles oder nichts.

Kein Mittelmaß. Das Durchschnittsdenken wird abgelehnt. Der Psychoanalytiker Horst Eberhard Richter spricht von der »Fortschrittsgigantomanie«. Unsere Ansprüche sind nicht zu stoppen, unsere Ansprüche laufen Amok. Wie sagte Blaise Pascal, der gelehrte französische Denker und Philosoph: »Machen wir uns unsere Bedeutung klar; wir sind *etwas* und nicht alles.«

- Wie kann sich ein Alles-oder-nichts-Symptom entwickeln?
- Welche Lebensgrundauffassung hat sich in der Kindheit gebildet?
- Welche unbewussten Ziele verfolgt ein Kind damit?
- Welche Rolle glaubt das Kind im Leben spielen zu müssen?

Ein amerikanischer Psychiater hat die Entwicklungsgeschichte des Menschen von der Wiege an verfolgt. Er fand vier Muster des Selbstverständnisses.

Muster 1:
Ich bin ein ganz besonderes Kind.

Dieses Kind entwickelt die Überzeugung: »Ich bin etwas *Ungewöhnliches*, ich bin etwas *sehr Wertvolles*, ich bin *anders* als die andern.«

Ich hatte in der Seelsorge einen Jungen von neun Jahren. Sein Intelligenzquotient war sehr hoch, über 140. Der Junge hatte eine Klasse übersprungen, weil er sich unterfordert fühlte. Allerdings hatte er sehr große zwischenmenschliche Probleme. Er benahm sich außergewöhnlich. Bei Kameraden und Kameradinnen eckte er an. Er kotete ein, wenn er nicht seinen Willen bekam. Er ging über alle Grenzen hinweg. Ab und zu spielte er den Klassenclown. Er schockierte die Lehrer. Sein Lebensstil: Ich bin ein ganz besonderes Kind.

Muster 2:
Ich bin ein diktatorisches Kind.

Dieses Kind spielt auch eine Sonderrolle. Es versteht es, Eltern oder einen Elternteil einzuschüchtern. Nicht wenige Mütter kapitulieren vor diesen Kindern. Sie haben es mit Liebe und Überredung versucht und sind am Willen des Kindes gescheitert. Solche Mütter spielen auch in der Ehe oft eine untergeordnete Rolle. Sie passen sich an, treffen keine eigenen Entscheidungen und überlassen gerne dem Partner die führende Rolle. Das Kind ahmt den tyrannischen Vater nach oder entdeckt im Verhältnis zur Mutter seine Überlegenheit. Das Kind hat Schwierigkeiten mit Gleichaltrigen. Beim Spiel will es den Ton angeben. Es spielt den Boss. »*Alles* hört auf mein Kommando oder es läuft *nichts*.«

Muster 3:
Ich bin ein unzuverlässiges Kind.
Das Kind wählt einen gegensätzlichen Weg. Es reagiert mit
Entmutigung und Resignation. Das Entweder-oder-Schema
schimmert hindurch. Wenn das Höchste und Beste nicht
auf Anhieb gelingen, schaltet das Kind nicht nur einen
Gang zurück, nein, es lässt sich total hängen.

– Das Kind flüchtet in *Hilflosigkeit*.
– Das Kind flüchtet in *Unzulänglichkeit*.
– Das Kind demonstriert *Unfähigkeit*.

Der Lebensstil oder die Lebensgrundüberzeugung dieser
Kinder lautet:»Wenn ich das Höchste nicht erreichen
kann – und zwar spielend –, dann tue ich gar nichts.«

Muster 4:
Ich bin das Kind, das die Wünsche und Erwartungen
der anderen erfüllen muss.
Dieses Kind fühlt sich missbraucht. Es glaubt im Dienst der
Bedürfnisbefriedigung anderer Menschen zu stehen. Es setzt
alles daran, zu gefallen und anzukommen. Seine Anstrengungen sind enorm. Verständlich, dass es mit Perfektionismus versucht, Anerkennung und Wertschätzung zu erfahren. Vielleicht will es auch das elterliche Prestigedenken erfüllen.
»Alles dient dazu, andere zufriedenzustellen.«

Zusammengefasst: Diese Kinder entwickeln einen übergroßen Wunsch nach Anerkennung. Das Alles-oder-nichts-
Prinzip wird zur Lebensüberzeugung. Sie denken:

■ Ich bin der Beste oder der Schlechteste.
■ Ich bin ein Gewinner oder Verlierer.

- Ich bin ganz oben oder ganz unten.
- Ich erreiche das Vollkommene oder ich kapituliere.
- Ich finde den Traumpartner oder ich bleibe ledig.
- Ich schreibe Einsen oder Sechsen:

Das Mittelmaß ist unvorstellbar, der Durchschnitt ist unerträglich.

Das verstiegene Ideal

So nennt der Schweizer Therapeut Binswanger dieses Denken. Diese Menschen haben sich *verstiegen*. Ihre Ideale sind übersteigert. Die Maßstäbe, die sie anstreben, sind übertrieben. Die Erwartungen sind maßlos. Ein Bergsteiger, der sich verstiegen hat, landet in einer Sackgasse. Er muss aus seiner ausweglosen Lage befreit werden. Und die Folgen?

- Je höher die gesteckten Ziele, desto tiefer der Fall.
- Je höher die Erwartungen, desto größer die Enttäuschungen.

Die Frage stellt sich:

Ist es ungesund, hohe Ziele zu haben? Nein. Die Gefahren liegen woanders. Wer hohe Ziele anstrebt, muss auch mit Niederlagen leben können. Wer hohe Maßstäbe anlegt, muss auch mit Misserfolgen leben lernen. Wer Ideale anstrebt, muss auch mit Katastrophen rechnen. Wer das nicht will und nicht kann, der landet in der Resignation und in der Verzweiflung. Er spielt mit dem Nichts.

Auch der Franziskanerpater Richard Rohr geht hart mit seinem »Idealismus« ins Gericht, wenn er schreibt:

»Ich gehe wieder von mir selbst aus. Wir EINSER sind idealistisch und perfektionistisch. Wir wollen die Welt ver-

vollkommnen. Wir ärgern uns – meist heimlich –, weil die
Welt nicht vollkommen ist. Gleichzeitig sind wir Genies
der Wahrnehmung: Deutlicher als andere sehen wir, was
tatsächlich nicht in Ordnung ist. Es kann aber die Hölle
sein, damit zu leben. Wenn wir uns selbst überlassen bleiben, werden wir hyperkritisch. Nörgler, Leute, deren Gegenwart anderen mit der Zeit auf den Geist geht. Denn zu
viel des Guten wird automatisch etwas Schlechtes.«[1]

Viele hochherzige Idealisten meinen es gut, machen es
aber nicht gut. Ihre überhöhten Prinzipien machen ihnen
zu schaffen. Sie spüren den Kampf zwischen Gut und Böse,
zwischen Fleisch und Geist, zwischen Ideal und Realität.
Der Konflikt zwischen der Vollkommenheit ihres Ideals
und ihrer eigenen Unvollkommenheit macht sie unglücklich und unzufrieden. Nicht wenige scheitern.

Menschen mit verstiegenen Idealen können sich Sünden, die sie begangen haben, nicht verzeihen. Sie erwarten, dass Gott Sünden vergibt, weil er der barmherzige und
gnädige Gott ist. Selbst behandeln sie sich ungnädig. Im
Grunde wollen sie Gott rechts und links überholen. Menschen mit einem verstiegenen Ideal leiden an einem gran-
diosen Überheblichkeitsstreben.

Ein junger Mann in der Seelsorge hat das »verstiegene
Ideal«, von einer jungen Frau, die er über alles liebt, felsenfest zu wissen: »Diese junge Dame muss meine Frau werden. Diese oder keine.« Er sagt zu ihr als gläubiger Christ:
»Der Heilige Geist hat mir offenbart, du wirst meine Frau.«
Von dieser Idee und diesem Ideal ist er nicht abzubringen.
Je fanatischer er diese Gewissheit ausspricht, desto zwei-
felnder wird die junge Dame. Sie fühlt sich von dem jungen Mann erdrückt und erpresst. In der Beratung macht sie
deutlich: »Mir hat der Heilige Geist nichts gesagt. Ich kann
nicht und ich will nicht. Aus irgendeinem nicht klaren
Grund habe ich Angst vor diesem Mann.«

Was geschieht? Der junge Mann hängt deprimiert, ar-
beitsunfähig und verzweifelt zu Hause rum. Der Vater bekommt einen tödlichen Herzinfarkt. Die Frau des Mannes
fühlt sich aus der Bahn geworfen und ruft ihrem Sohn in
der Hoffnungslosigkeit zu: »Du hast deinen Vater umgebracht!« Der Sohn landet für ein Jahr in der Psychiatrie.
»Alles oder nichts!« – »Ich kriege die Frau oder ich bringe
mich um.« – »Diese Dame wird meine Frau oder ich will
nicht mehr leben.« – Ein verstiegenes Ideal.

Im Hochleistungssport habe ich einen klugen Satz gelesen,
der die Alles-oder-nichts-Einstellung widerspiegelt.

»Der Trainer hat alles getan, er hat alles trainiert, nur
nicht die Niederlage.« Wie viele sehen nur das Treppchen,
auf dem sie ihren Triumph genießen, aber nicht die Tränen, die sie weinen, wenn der Erfolg ausbleibt. Wer nicht
verlieren kann, muss leiden. Wer Niederlagen nicht einste-
cken kann, kann sich in die Verzweiflung stürzen. Wer *alles*
will und scheitert, steht plötzlich vor dem *Nichts*.

Das Überforderungssymptom

Wolfgang Schmidbauer hat sich als Psychoanalytiker mit
der Destruktivität von Idealen beschäftigt und schreibt
über das Alles-oder-nichts-Syndrom:

»Wer mit der Einstellung ›Alles oder nichts‹ lebt, wird
immer wieder in Situationen kommen, in denen die eigenen Ziele unerreichbar scheinen. Aus dem Gefühl, das Entscheidende versäumt zu haben, entsteht eine lähmende
Leere, die keine neuen Wünsche zulässt. Nur vernichtet
der Überanspruch, das Perfektionsideal – etwa eines vollkommenen Partners –, die Chancen, ein erfülltes und
glückliches Leben zu führen.«[2]

Dem Überforderungssymptom liegt ein *Überanspruch* zugrunde. Jemand will

- den vollkommenen Partner,
- den idealen Beruf,
- den optimalen Staat,
- den bestmöglichen Lehrer usw.

Das zerstörende Ideal zwingt den Menschen, angstvoll und erwartungsvoll in die Zukunft zu schauen oder deprimiert in die Vergangenheit. Die Gegenwart taugt nichts. Das Schmerzliche dieses Überforderungssymptoms ist, dass der Betreffende den Boden unter den Füßen verloren hat. Er schaut – wie Hans guck in die Luft – zu den unerreichbaren Sternen und landet in der Tiefe. Eine lähmende Leere packt ihn. Und diese Leere kann schnell zum Suizid führen, weil das Ideal nicht erreicht wird. Das Streben zum Höchsten ist immer mit dem jähen Fall in die Tiefe verbunden. Das Alles-oder-nichts-Prinzip ist eine neurotische Überzeugung. Es ist eine krank machende Überforderung. Warum haben viele Menschen mit schweren Depressionen zu tun? Es sind in der Regel hoch ehrgeizige Menschen, die Enttäuschungen nicht verkraften.

Die Psyche des Magersüchtigen

Das Alles-oder-nichts-Denken finden wir fast immer bei Magersüchtigen. Sie realisieren einen übertriebenen Ehrgeiz. Der Berliner Therapeut Josef Rattner beschreibt die Einstellung des Anorektikers so:

»Die Magersüchtigen haben Phasen in ihrem Leben, wo sie ›alles haben wollen‹. Das kann sich drastisch in Fressgier umsetzen, sodass nicht selten der Magersucht eine

Fettsucht voranging. Auch hängt dies mit dem Ernäh-
rungsregime einer Mutter zusammen, die ihr Kind ›stopfen
will‹. Es gibt Mütter, die ihre Liebe zum Kind mit ›Suppen-
logik und Knödelargumenten‹ (Freud) bezeugen. Das Kind
ertrinkt in der mütterlichen Liebe und im eigenen Fett. Die
Askese setzt dann ein, wenn die Liebe der Mutter ange-
zweifelt und verloren wird. (...) Das Nicht-Essen ist dann
eine Äußerung feindseliger, eifersüchtiger Impulse. (...)
Nun wollen sie durch Hungern ihre Brüste beseitigen und
durch Abtöten aller Nahrungsimpulse ein reines und unbe-
rührtes Leben führen. (...) Ein irregeleitetes Geltungs- und
Vollkommenheitsstreben lenkt sie zur Auszehrung hin, an
der sie, sofern Psychotherapie nicht helfend eingreift, zuletzt sterben.«[3]

Was macht die Lebenserfahrung der Magersüchtigen deutlich?

- Sicher handelt es sich um eine Alles-oder-nichts-Per-
  sönlichkeit. Ihr Lebensstil wird beherrscht vom »Ich
  will *alles* haben, ich will *alles* genießen«. Alles frisst
  sie in sich hinein. Eine ausgesprochene Gier kennzeichnet den Lebensstil. Sie frisst grenzenlos, kritik-
  los und hemmungslos. Sie will die Fülle des Lebens
  auskosten.
- Dann fällt sie ins Gegenteil. Die Bewegungsrichtung
  wird radikal verändert. Sie praktiziert die totale Ver-
  weigerung. Sie hungert.
- Vorher von der Mutter »verwöhnt und vollgestopft«,
  in der Pubertät, in der Ablösungsphase vom Eltern-
  haus, dann die Kehrtwendung. Mutters Liebe und
  Fürsorge werden infrage gestellt. Die Liebe der Mutter wird als Egoismus verstanden. Aus Verwöhnung
  wird Hass.

Ist es nicht interessant, dass die Hersteller von Babynah-
rung ihre Produkte so würzen, dass sie den Müttern auch
schmecken? Diese Verkaufsstrategie weist auf die Tatsache
hin, dass die Mutter das Kind wie das eigene Selbst behandelt, der Geschmack ebenso wie andere Bedürfnisse nicht
von den eigenen unterscheidbar sind. Das maßlose Denken wird deutlich. Das »irregeleitete Vollkommenheitsstreben« zielt jetzt auf das *Nichts* hin.

Magersüchtige verweigern *das Leben*. Magersüchtige
verweigern *den Genuss*. Magersüchtige negieren das *Wachsen und Reifen*. Viele wollen verhungern und sterben. Sie
rechnen gnadenlos mit sich und dem »Leben« ab. Alles
oder nichts.

Wie kommt es zum Selbstmord oder zur Selbstmordvorstellung?

Alles-oder-nichts-Sympathisanten kommen schnell, ohne
dass sie es wollen, in Sackgassen. Je höher die Ideale, desto
tiefer die Enttäuschungen. Wolfgang Schmidbauer kann
schreiben:

»Tatsächlich beruhen die meisten Selbstmorde auf einem
(realen oder fantasierten) Verlust bisher für fest gehaltener
Ideale oder idealisierter Bezugspersonen. Andererseits sind
für den Menschen, der nicht Selbstmord oder einem Zusammenbruch seines Ichs in Irrsinn und Wahn zum Opfer
fallen wird, Ablösung und Trennung von Idealen notwen-
dig. Das Kind sieht, dass eine idealisierte Erwartung nicht
eintreffen wird, bricht in Wut, in Tränen aus und wendet
sich dann nach einer kürzeren oder längeren Erholungs-
phase neuen Handlungsentwürfen zu.«[4]

Mit anderen Worten: Ein Kind *lernt* normalerweise, mit
»idealisierten Erwartungen« umzugehen. Das kostbare Fahr-

rad, das es sich zu Weihnachten gewünscht hat, oder die Note eins in einem bestimmten Fach ist nicht eingetroffen. Je nach Enttäuschung wird der Schmerz hinausgeschrien oder die Wut den Füßen überlassen. Es gehen ein paar Dinge kaputt. Die Eltern werden mit Lieblosigkeiten bestraft, aber dann ist weitgehend die Welt wieder in Ordnung. Einige lassen sich mit Sprüchen trösten, wie: »Es hat doch keinen Sinn, über verschüttete Milch zu weinen.« Schmidbauer weist darauf hin, dass das Wort »Milch« auf die Muttermilch hinweist. Der Verlust der Brust, die ideale Befriedigung durch die Mutter, wird deutlich. Noch einmal Schmidbauer:

»Für den Säugling ist das ›Alles-oder-nichts-Prinzip‹, das wir als den destruktiven Teil der Idealisierungsvorgänge beim Menschen beschrieben haben, ein Stück Lebenswirklichkeit. Für ihn gibt es nur die Brust. Findet er sie, dann findet er alles, was er braucht, und fühlt sich als allmächtiger Herrscher der Wirklichkeit, weil er ja ein vollkommene und umfassende Befriedigung gewinnender Teil der Mutter ist. Findet er sie nicht, dann hat er nichts, woran er sich in seiner hilflosen Wut halten kann.«[5]

Kinder und spätere Erwachsene, die es nicht gelernt haben, mit »idealisierten Erwartungen« umzugehen, fliehen in die Resignation. Sie stürzen sich in die Enttäuschung. Sie haben den Appetit am Leben verloren, sie wollen sterben.

Das Schwarz-Weiß-Schema

Der Psychiater Werner Hut hat ein grundlegendes Werk über »Glaube, Ideologie und Wahn« geschrieben. In dem Buch findet sich der Satz:

»Die meisten Gräueltaten der Menschheitsgeschichte wurden ›reinen Herzens‹ begangen. Das heißt doch wohl, dass Ideologien von ihren Anhängern meistens ohne Gefühl und Zynismus durchgezogen werden.«

Wer Gefühle ausblendet, kann kompromisslos denken und handeln. Der normale Mensch weiß um Schwarz und Weiß, um Licht und Dunkel und um Höhen und Tiefen. Er versucht, sich mit den Schattenseiten zu arrangieren. Aber eine Persönlichkeit, die ideologisch gesteuert wird, wird mit Extremen nicht fertig. Alle Mitteltöne existieren nicht, alle Zwischentöne werden ausgeblendet. Das Gute verwirklicht sich in der eigenen Ideologie, das Böse steht in der Welt draußen.

Mir scheint, Ideologien sind austauschbar. Aus manchem Kommunisten ist 1933 ein Nazi geworden. Und nicht wenige Nazis leisteten in der ehemaligen DDR nach 1949 treue Dienste. Auch viele Revoluzzer der Bewegung 1968 haben sich später in die braun-nationale Ecke bewegt.

Der Ideologe hat sich dem Alles-oder-nichts-Prinzip verschrieben. Er strebt nach dem *Totalen*, nach dem *Absoluten*, nach dem *Nonplusultra*.

Er kennt nur ein *Dafür* oder ein *Dagegen*. Alle Zwischentöne werden eliminiert. Auch Opfer, die auf dem Weg zum Absoluten gebracht werden müssen, zählen nicht.

Das *Menschliche* bleibt außen vor. Das *Gewissen* wird ausgeblendet. Die *Kritik* wird stillgemacht.

Nach Werner Hut sind Ideologen *Autisten*, die sich um sich selbst drehen und nicht liebesfähig sind. Ihre Prinzipien sind höher als alles Menschliche. Ihre Gefühlskälte erschlägt alle sozialen Regungen.

Wie entwickeln sich solche Alles-oder-nichts-Menschen? Sie müssen in der Kindheit eine widersprüchliche Erziehung erfahren haben. Ihre Bezugspersonen müssen ihnen widersprüchliche Botschaften signalisiert haben. Sie haben

Zuwendung und Hass, Liebe und Gewalt, Fürsorge und Ablehnung erfahren – und konnten die Widersprüche nicht in sich vereinigen.

Petrus oder das Alles-oder-nichts-Prinzip

Der amerikanische Seelsorger David Seamands spricht unverhohlen bei Petrus von einem Menschen, der diese Wesensart spiegelt. Auf dem Weg der Verklärung hat er Angst, aber er findet es aufregend. Er will Hütten bauen und für immer dort bleiben. Was er denkt und will, sprengt alle Maßstäbe. Alles oder nichts.

Beim Abendmahl sagt er zu Jesus: »Herr, du sollst nicht meine Füße waschen. Ich kann es nicht zulassen, dass du so etwas tust.« Als er von Jesus getadelt wird, will er, dass nicht nur seine Füße gewaschen werden, sondern der *ganze* Mensch. In den letzten Stunden, die Jesus vor seinem Tod mit den Jüngern verbringt, sagt er: »Ich weiß genau, dass einer von euch mich verraten wird.« Die Jünger sind sehr bestürzt und einer nach dem andern fragt ihn: »Du meinst doch nicht mich, Herr?« Auf dem Weg zum Ölberg sagt Jesus zu seinen Jüngern: »Heute Nacht werdet ihr alle an mir irre werden.« Petrus widerspricht ihm, heißt es bei Matthäus (26,33). »Selbst wenn alle andern an dir irre werden – ich bestimmt nicht!« Jesus macht den Jünger mit seiner idealistischen Gesinnung darauf aufmerksam, dass er sich ja nicht täuschen soll, denn ehe der Hahn in der folgenden Nacht dreimal gekräht habe, würde ausgerechnet Petrus ihn dreimal verraten. Und Petrus sagt (Matthäus 26,35): »Das werde ich niemals tun, und wenn ich mit dir zusammen sterben müsste.« Jeder kennt die peinliche Fortsetzung. Als Jesus im Garten Gethsemane gefangen genommen und Petrus in der Nähe von einer Frau gesehen wird, bestreitet er rundheraus, diesen Mann überhaupt zu kennen. Petrus glaubt an seinen Idealismus. Er will ehrlich das Höchste und Beste. Er will eine radikale Nachfolge, ohne die geringste Einschränkung. An dem Idealisten Petrus macht der Herr deutlich:

- Wir sollen uns nicht *überschätzen.*
- Wir sollen Fehler und Schwächen *bejahen.*
- Niemand kann für sich die Hände ins *Feuer legen.*
- Niemand ist vollkommen, *nur Jesus selbst.*

David Seamands charakterisiert diese Menschen so:

»Viele Menschen sind schon zu uns in die Seelsorge gekommen, die Schwierigkeiten mit diesem Problem hatten, und es stellte sich heraus, dass die meisten von ihnen eine ›Alles-oder-nichts-Weltanschauung‹ hatten. Ihre Welt hat nur zwei Farben – blütenweiß oder pechschwarz. Wenn sie keine Höchstleistungen erzielen, sind sie völlige Nieten. Das führt sie zu Stimmungshochs und Stimmungstiefs. Sie beschreiben sich selbst als ›geistliche Jo-Jos‹.«[6]

Trotz allem wurde Petrus niemals von Jesus aufgegeben. Und Petrus selbst, der sicher sein Alles-oder-nichts-Symptom kannte, hat darüber viele Tränen vergossen, aber er hat sich nicht wie Judas aus Verzweiflung umgebracht.

Radikale Jesus-Nachfolge ist gut. Sie darf aber nicht darüber hinwegtäuschen, dass Christen Sünder bleiben, unvollkommene Menschen, die nur durch Christus selbst ein vollkommenes und damit ungeteiltes Leben aus ihm führen können. Wie sagte der englische Theologe Oswald Chambers: »Unsere Vollkommenheit meint, dass wir uns vollkommen auf Jesus verlassen.« Das ist realistisch und nicht idealistisch.

Paulus, der Eiferer

Der Apostel Paulus liebte keine Halbheiten. Was er machte, machte er ganz. Als Diaspora-Jude hatte er sich, einer Tradition seiner Familie folgend, den Pharisäern angeschlossen. In der Lebenspraxis und in der Mission waren sie die strengsten und rigorosesten Nachfolger Gottes. Im Philipperbrief kennzeichnet sich Paulus so:

»Außerdem gehörte ich zu den Pharisäern, der Gruppe, die am strengsten darauf achtete, dass Gottes Gesetz eingehalten wird. Ich habe die christliche Gemeinde mit fanatischem Eifer verfolgt und die Regeln des Gesetzes bis in alle Einzelheiten erfüllt. Gemessen an dem, was das Gesetz fordert, brauchte ich mir nichts vorzuwerfen« (Phil. 3,6).

Welcher Mensch kann das schon von sich behaupten? Der Apostel sagt es selbst, dass er vor seiner Bekehrung ein Eiferer, ja ein Fanatiker war.

Der Theologe Rolf Kaufmann, der ein Buch über den größten Apostel aller Zeiten geschrieben hat, formuliert an einer Stelle:

»Paulus war ein Eiferer. Der Diaspora-Jude Paulus war pharisäischer Heidenmissionar strengster Observanz, quasi ›päpstlicher als der Papst‹, geworden – was ja bei ›Konvertiten‹ nicht selten der Fall ist. Er predigt ›die Beschneidung‹ (Galater 5,11), wollte also für das Judentum nicht bloß ›Gottesfürchtige‹, sondern ›vollwertige‹ Proselyten gewinnen: Alles oder nichts!«[7]

Er verfolgte die Christen erbarmungslos und lieferte sie ans Messer. Kaufmann sieht in dem jungen Paulus auch den Alles-oder-nichts-Menschen. In seiner Tüchtigkeit erlebt er die Spannung, die diese Menschen aushalten müssen: Sie lassen sich von der Sonne des Erfolges blenden, sie wollen allzu hoch hinaus. Sie stehen in der Gefahr, die gesunde Spannung zwischen oben und unten, zwischen

Himmel und Erde, zwischen Sonne und Meer, zwischen Höhen und Tiefen zu überdehnen.

Aber das muss klar und deutlich gesagt werden: Nachdem Paulus Christus kennengelernt hatte, wurde *alles*, was für ihn als Pharisäer ein unschätzbarer Gewinn war, zum *Nichts*. Er nahm die Botschaft Christi »Lass dir an meiner Gnade genügen« nicht nur mit dem Kopf wahr, er übersetzte sie konsequent ins persönliche Leben.

Martin Luther, der auch ein Eiferer war, mit völlig überhöhten Forderungen an sich selbst, ist bei Paulus zur Kurskorrektur seines Lebens gekommen. Sein geistlicher Rigorismus hätte ihn zerstört. Das Alles-oder-nichts-Denken ist ein menschlicher und geistlicher Irrweg.

Viele Tüchtige in unserer Gesellschaft huldigen dieser Ideologie. Viele Tüchtige bleiben auf der Strecke. Sie ruinieren ihr persönliches Leben und das Leben ihrer Angehörigen.

Petrus, Paulus und Luther sind auch Beispiele dafür, dass falsches Denken, Idealismus und Alles-oder-nichts-Prinzipien in der Kraft Gottes geändert werden können. Diese Denk- und Lebensgewohnheiten können – Gott sei Dank – korrigiert und überwunden werden.

Wie können Menschen aus dem Teufelskreis des Alles-oder-nichts-Denkens heraus? Welche Hilfen sind denkbar? Welche Schritte sind erforderlich, das oft selbstzerstörerische Verhalten aufzugeben?

Denkanstoß Nr. 1:
Einsicht ist der erste Schritt zur Veränderung

Ohne Einsicht ändert sich in einem Denk- und Verhaltensmuster nichts. Ohne Einsicht fällt der Mensch in Liebe, Beruf und in seinem Glauben immer wieder auf diese Lebensüberzeugung herein. Ich ändere nur etwas, wenn ich die Einsicht gewinne:

- Mein *Denken* ist falsch,
- mein *Verhalten* ist falsch,
- mein *Leben* läuft falsch.

Fortwährend lande ich in Resignation, in Sackgassen, in Verzweiflung und in völliger Apathie. Einsicht ist mehr als ein theoretisches Für-wahr-Halten. Einsicht ist mehr als eine wohlwollende Übereinstimmung. Sie kennen die fragwürdigen Sätze:

- »Im Prinzip ist da etwas dran.«
- »Man kann sich dieser Logik nicht ganz verschließen.«
- »Eigentlich sollte ich diese Einstellungsmuster aufgeben.«

Boshaft könnte man sagen: 25 % Einsicht, 75 % Widerstand. Auf allen Gebieten lieb gewordene Überzeugungen aufzugeben fällt sehr schwer. Der Mensch *ist* ein Gewohnheitstier. Er kennt seine Stimmungsschwankungen, seine Hochs und Tiefs. Die Umgestaltung kostet eine völlig neue Weltsicht. Und die ist ihm zu anstrengend. Wohl den Menschen, die einsehen, dass ihr bisheriges Denken und Leben falsch programmiert sind, und die mit der Einsicht alternative Lebensschritte vollziehen.

Denkanstoß Nr. 2:
Reif werden heißt, kindliche Verhaltensweisen abzulegen
Das Alles-oder-nichts-Denken ist tief in vielen Menschen verwurzelt. Es lässt sich nicht wie ein schmutziges Kleidungsstück mit einer Handbewegung abstreifen. Eine andere Denk-Gewohnheit muss systematisch eingeübt werden. David Seamands beschreibt das so:

»Ich habe früher gemeint, dass der Mensch, wenn er erwachsen wird, seine kindlichen Verhaltensweisen allmählich ablegt und sich ein Verhalten des Erwachsenseins bildet. Doch ich habe herausgefunden, dass das nicht stimmt. (…) Das Neue Testament sagt uns, wir sollen kindische Verhaltensweisen, *katargein*, die uns davon abhalten, reif zu werden, ablegen. Das griechische Wort bedeutet: weglegen, wirkungslos, untätig, kraftlos werden lassen, etwas entfernen; einen Menschen von etwas frei werden lassen, das ihn gebunden hält.«[8]

Alles-oder-nichts-Einstellungen sind kindisch. Sie klingen überzeugend. Radikale Christen fahren darauf ab. Aber sie sind gefährlich. Sie richten mehr Schaden als Nutzen an. Dem Teufel sind sie willkommene Verhaltensmuster. Er redet sie dem Menschen ein. Und doch ist hier der »fromme Teufel« am Werk. Idealistische Absichten in Schwarz-Weiß-Manier lassen den Menschen scheitern. Christen müssen *katargein* einüben. Überansprüche sind kindische Verhaltensweisen. Das Alles-oder-nichts-Denken beschert dem Menschen mehr Tränen als Freude.

Denkanstoß Nr. 3:
Wir korrigieren unsere überhöhten Ansprüche

Unser Lebensstil beinhaltet unsere Grundüberzeugungen. Er umfasst unsere Denk-, Gefühls- und Verhaltensmuster. Er verkörpert unsere Glaubens- und unsere Weltanschauung. Der Lebensstil beinhaltet auch unsere überhöhten Ansprüche. Das Alles-oder-nichts-Denken zeigt ja,

- dass nur das *Einmalige* in meinen Augen gilt,
- dass nur das *Überragende* in meinen Augen Platz hat,
- dass nur das *Allerbeste* wert ist, angestrebt zu werden.

Auch im christlichen Glauben wird der Überanspruch deutlich. Jede Unvollkommenheit und Schwäche müssen mit äußerster Disziplin ausgerottet werden. Nachfolge wird zur Selbstkasteiung. Das Alltagsleben wird zum Opfer.

Es ist hilfreich, die Überansprüche konkret auf einem Blatt Papier zu benennen. Gute Vorsätze helfen nicht weiter. Es sind bestenfalls Pflastersteine für die Hölle. Sie können alle Lebensbereiche nennen, wo das Schwarz-Weiß-Denken zum Vorschein kommen kann:

- im Beruf,
- im Zwischenmenschlichen,
- im Haushalt,
- in der Freizeit (wenn welche bleibt),
- im christlichen Glauben.

Welche *Erwartungen* wollen Sie verringern? Welche Ehrgeizziele wollen Sie kappen? Welche Ideale wollen Sie korrigieren? Dem Mutigen lässt es Gott gelingen.

Denkanstoß Nr. 4:
So, wie du bist, bist du gut genug
Das ist ein geistlicher Kernsatz. In ihm stecken Hilfe und Heilung. Er beinhaltet auch eine menschliche Lebensweisheit. Ich habe ihn vor mehr als dreißig Jahren zum ersten Mal von meinem psychologischen Lehrer, Professor Rudolf Dreikurs, gehört. Der Satz verleitet zum Missverständnis und heißt nicht:

Der Mensch ist *gut* – das wäre eine Irrlehre – sondern er heißt:

»So, wie du bist, bist du *gut genug*.«

Gott allein ist gut. Aber: Wer sich auf Christus verlässt,

- der ist gut genug,
- der reicht aus,
- der genügt ihm.

Dieser Satz ist der Schlüssel für eine Lebensstilkorrektur. Er ist der Schlüssel für eine Gesinnungsänderung. Er ist der Schlüssel zur Korrektur eines Alles-oder-nichts-Denkens. Wer ihm gehört, muss nicht mehr *alles* aufbieten, um in dieser Welt zu gelten. Er darf sich annehmen, wie er ist. Er darf ja zu sich sagen. Ohne Einschränkung kann er sich akzeptieren. Automatisch brechen die Überansprüche in sich zusammen. Die Hochstapelei hat ein Ende. Der elende Konkurrenzkampf ist nicht mehr nötig. Bittere Lebensenttäuschungen, Resignation und Verzweiflung bleiben ihm erspart. Er muss nicht mehr dekompensieren, indem er ein Nichts wird, eine Null und ein Niemand. Er wird geliebt – ein beglückendes Gefühl.

KAPITEL 8

Perfektionismus und Angst

Perfektionismus ist immer auch mit Angst verbunden. Perfektionisten haben in der Regel ein hochsensibles Gewissen. Sie produzieren leicht Selbstvorwürfe und Schuldgefühle, die immer auch von Angst begleitet werden. Ihre zwanghafte Genauigkeit lässt ihre Fehler, Schwächen und Sünden in einem besonders krassen Licht erscheinen und macht sie größer, als sie in Wirklichkeit sind. Diese Menschen zweifeln an ihrem Wert. Sie glauben, dass andere Christen heiliger, wohlgefälliger und verantwortungsvoller leben.

Was sind Selbstanklagen?
Es handelt sich um Gefühle,

> ... als Christ nicht zu genügen,
> ... in der Nachfolge Jesu zu versagen,
> ... die Heiligung nicht ernst genommen zu haben,
> ... von Angst beherrscht zu werden.

Menschen mit perfektionistischen Zügen neigen dazu,

- sich selbst schlecht einzuschätzen,
- sich nicht zu genügen,
- sich in Frage zu stellen,
- sich mit negativen Erwartungen zu beschäftigen,
- sich mit Versündigungswahn auseinanderzusetzen.

Es steht außer Frage: Sie machen sich das Leben schwer.

Perfektionisten haben oft ein überwaches Gewissen

Wenn wir in die Bibel hineinschauen, werden Gewissen und Herz synonym (gleichsinnig) interpretiert. Im 1. Johannesbrief heißt es:

»Daran zeigt es sich, dass Jesus Christus unser Leben bestimmt. So können wir mit gutem Gewissen vor Gott treten. Doch auch wenn unser Gewissen uns anklagt und schuldig spricht, dürfen wir darauf vertrauen, dass Gott größer ist als unser Gewissen. Er kennt uns ganz genau. Kann uns also unser Gewissen nicht mehr verurteilen, meine Lieben, dann dürfen wir voller Freude und Zuversicht zu Gott kommen« (1. Joh. 3, 19 – 21; Hoffnung für alle).

Die Lutherübersetzung spricht vom Herzen.

Es ist eine ungemein starke Aussage

- gegen Minderwertigkeitsgefühle,
- gegen Selbstanklagen,
- gegen Selbstverachtung,
- gegen Ängste verschiedenster Art.

Perfektionismus und Zwangsgedanken

Viele Christen werden von Gedanken geplagt, die sie nicht unter Kontrolle bekommen. Weil sie ein hochsensibles Gewissen haben, nehmen sie alle Gedanken, auch sogenannte Gedankensünden, ernster.

- Sie glauben, sie müssten Verfehlungen aus der Vergangenheit immer wieder ins Gebet nehmen;
- sie glauben, Fehler und Sünden der Väter, Großväter und Urgroßväter noch einmal beichten zu müssen;

- sie glauben, sie müssten mit bestimmten Gebets-
  ritualen, mit Gebetsformeln und Gebetswiederho-
  lungen Gott gnädig stimmen,
- sie glauben, sich um Menschen, die nicht glauben
  oder die sie besonders angerührt haben, kümmern zu
  müssen. Liegen stundenlang nachts wach und grübeln, wie sie ihnen helfen können.

Die Grübeleien führen zu nichts, machen sie müde und
erschöpft. Diese Menschen werden von Zwangsgedanken
gemartert, belasten sich im Gewissen und ruinieren ihre
Gesundheit.

Zwangsgedanken – ein Beratungsbeispiel

Da ist Frau Hildebrandt. Sie hat eine Predigt gehört über
den Text: »Was ihr für einen meiner geringsten Brüder getan habt, das habt ihr für mich getan. ... Was ihr an einem
von meinen geringsten Brüdern versäumt habt, das habt
ihr an mir versäumt« (Matthäus 25, 40 u. 45).

Wie vieles andere auch hat sie dieses Wort zutiefst erschüttert.

Sie glaubt an Jesus Christus, gleichzeitig wird sie
von der Angst zermartert, etwas versäumt zu haben. Sie
weiß, dass sie in IHM Leben hat, gleichzeitig wird sie
von Zweifeln, von Unsicherheit und Verlorenheitsgefüh-
len heimgesucht. Die Nächte werden zur Qual, die Tage zur
Hölle.

Sie geht zu gläubigen Geschwistern und zum Pastor.
Alle wollen sie beruhigen. Sie glaubt ihnen nicht. Einige
sind in ihren Augen liberal, andere nehmen sie nicht ernst,
jedenfalls glaubt sie das.

Immer wieder fällt sie auf die Knie, bittet Jesus um

Vergebung, aber sie kann die Selbstvorwürfe nicht abschütteln.

Die Glaubenszweifel werden so groß, dass sie sich für
eine gottlose Versagerin hält.

Die Folge:

- Der Haushalt wird vernachlässigt,
- die Kinder bekommen kein regelmäßiges Essen,
- Frau Hildebrandt verliert 15 Kilo an Gewicht,
- ihr Mann glaubt, sie sei einem religiösen Wahn ver-
  fallen,
- gute Freunde und Gemeindeglieder ziehen sich zurück,
- ein Ältester der Gemeinde hält sie für besessen,
- Frau Hildebrandt glaubt selbst, von Dämonen gepackt
  zu sein.

Mit einer guten Freundin erscheint sie eines Tages zum
Seelsorgegespräch. Nachdem sich beide gesetzt haben, frage
ich Frau Hildebrandt:

»Was führt Sie zu mir? Wie formulieren Sie den Ar-
beitsauftrag, den wir drei vor dem lebendigen Gott lösen
wollen?«

Frau Hildebrandt schaut ihre Freundin an, schaut an
sich hinunter und schaut mich an, dann sagt sie:

»Ich glaube, ich bin vom Teufel besessen. Die Ruhe, die
Jesus Christus doch verspricht, ist völlig verschwunden.
Ich fühle mich wie ein gejagtes Kaninchen. Ich bin von
Angst zerfressen, dass ich verlorengehe.«

»Sie glauben also an Gott, aber Sie haben Angst, Sie
könnten verlorengehen, und diese Angst macht sie verrückt?«, frage ich sie.

»Ja, so ist es«, sagt sie.

Ihre Freundin unterstützt sie:

»Ja, meine Freundin ist eine bewusste Christin. Wir kennen uns viele Jahre. Sie hat immer fest an Jesus geglaubt.«

Ich stelle eine provokante Frage:

»Können Menschen, die fest an Jesus glauben, vom Teufel besessen sein?«

Frau Hildebrandt bleibt unsicher, aber die Freundin sagt klar und unmissverständlich: »Das geht doch eigentlich gar nicht.«

Ich schaue wieder Frau Hildebrandt an.

»Das geht weder eigentlich noch uneigentlich. Unser Herr hat uns die Überzeugung gegeben, dass die, die an ihn glauben, von keiner Macht auf der Erde und im Himmel getrennt werden können. Wir sind alle in seiner Hand, das lässt mich ruhig sein. Sie auch?«

»Dann habe ich mich ja mit diesen Gedanken selbst verrückt gemacht!«, sagt Frau Hildebrandt erstaunt.

»Sie sind fest in Gottes Hand, aber der Teufel hat Sie mit einem raffinierten Spiel so verunsichert, dass Sie zwar glauben, aber der Glaube reicht angeblich vorne und hinten nicht. Mit einem so schwachen Glauben könnten Sie angeblich niemals gerettet werden. Das hat der Durcheinanderbringer Ihnen doch eingeredet, kommt mir vor.«

Die Freundin nickt Frau Hildebrandt zu.

»Das ist es. Du glaubst und zweifelst bis ins Mark an deinem Glauben.«

»Ich vermute«, sage ich vorsichtig, »Sie zweifeln an vielen Dingen.«

Die Freundin lächelt und nickt wieder der Ratsuchenden zu.

Frau Hildebrandt schlägt die Hände vors Gesicht.

»Was nicht vollkommen ist, das zweifle ich an. Was nicht hundertprozentig ist, das lasse ich nicht zu«, sagt sie über sich.

»Können Sie Beispiele sagen, wo das deutlich wird?«, frage ich.

»Im Grunde kann ich nur das Haus verlassen, wenn alles tipptopp in Ordnung ist. Wenn ich nicht vollkommen glaube, bin ich verloren. Wenn die Kinder nicht ganz gehorchen, bin ich unglücklich. Wenn mein Mann mich nicht vollkommen liebt, kann er gehen.«

Ich frage Frau Hildebrandt:

»Wie erlebt Ihre Umgebung, der Mann, die Kinder, Freundin und Gemeinde, Ihren Anspruch?«

Frau Hildebrandt schaut etwas verschämt an sich hinunter.

»Die halten mich alle für überspannt. Aber ich bin eben eine Perfektionistin. Und hat Jesus nicht gesagt, dass wir vollkommen sein sollen? Nur der Vollkommene wird das Himmelreich erben!«

»Frau Hildebrandt«, wage ich einzuwerfen, »nur der Vollkommene, der in Jesus die Vollkommenheit erreicht hat, *der* wird das Himmelreich erben. Der Vollkommene aus eigener Kraft braucht Jesus nicht.«

Sie zieht die Stirn in Falten und schaut mich zweifelnd an.

»Was wollen Sie damit sagen?«, fragt sie.

»Wenn Sie sich von Jesus gerettet, getragen und völlig erlöst sähen, säßen Sie hier seelenruhig und wären nicht mit den Nerven völlig am Ende. Sie haben es am Anfang des Gespräches mit Ihren Worten formuliert: Sie machen sich selbst verrückt.«

»Und was mache ich falsch? Bitte helfen Sie mir. So kann es nicht weitergehen!«

Ich möchte die Antwort nicht selbst geben, sie soll selbst darauf kommen.

»Frau Hildebrandt, was ist Ihnen in diesem Gespräch deutlich geworden? Versuchen Sie, es selbst zu formulie-

ren. Was Sie selbst erkannt haben, versuchen Sie auch um-
zusetzen. Wo wir uns nur belehrt fühlen, ziehen wir im All-
gemeinen keine Konsequenzen.«

Frau Hildebrandt faltet ihre Hände und denkt ange-
strengt nach.

»Zunächst bin ich beruhigt, dass ich nicht besessen sein
kann. Jawohl, das hat mich überzeugt. Und was brocke ich
mir selbst ein? *(Sie horcht in sich hinein.)* Ich glaube, ich will
es nicht wahrhaben. Meine Perfektion ist mein Streben, ist
mein Erfolg, beruht auf meiner Anstrengung.«

Ihre Freundin nickt.

Frau Hildebrandt hat es bemerkt.

»Denkst du das auch?«, fragt sie die Mitgekommene.

»Ich vermute, du hast es selbst richtig erkannt.«

»Sie wollen glauben, Sie müssten vollkommener sein als
alle anderen. Das kostet übermenschliche Kräfte, und Sie
sind ständig überbeansprucht«, spreche ich ihr zu.

»Und wie nennen Sie das, was mich quält?«, fragt Frau
Hildebrandt.

»Ich nenne das eine Zwangsstörung. Sie beschäftigen
sich mit bestimmten Gefühlen und Gedanken, mit Kon-
trollzwängen, mit Ordnungszwängen, mit Zählzwängen.«

»Ja, das kenne ich. Wenn ich das Bett mache, muss ich
zigmal die Bettdecke glatt streichen. Wenn ich die Toilette
putze, habe ich den Eindruck, ich muss ganz bestimmte
Bewegungen machen, wasche mir zehnmal die Hände und
habe den Eindruck, ich bin immer noch schmutzig.«

»Sehen Sie, Sie haben selbst erkannt, Sie wollen aus
eigener Kraft und mit eigener Anstrengung das Vollkommene erzwingen. Und in der Bibel lesen Sie, dass Jesus
Christus uns das Wollen und das Vollbringen schenkt.«

Frau Hildebrandt stutzt.

»Augenblick mal! Die Sätze im Philipperbrief, die Sie gerade zitieren, habe ich immer ganz anders verstanden. Wie

oft habe ich die gelesen und nach meinem Verständnis interpretiert.«

»Und wie haben Sie den Text verstanden?«

Sie schüttelt den Kopf.

»Er schenkt das Wollen, die Anstrengung. Gott motiviert mich, dass ich mich hundertprozentig ins Zeug lege. Er schenkt mir seinen Geist, dass ich sein Wort absolut ernst nehme. Und wenn ich dann alles dransetze, mein Letztes gebe, dann schenkt er mir das Vollbringen.«

Ich muss lächeln.

»Es wird immer deutlicher, warum Sie sich schinden und abplagen und total erschöpft sind. Sie allein wollen es erzwingen und vollkommen sein. Sie glauben, nicht Gott schenkt die Vollkommenheit, sondern Sie selbst müssen sich quälen.«

Ihre Hände fallen in den Schoß und ihre Schultern herunter.

»Dann hätte ich ja Jahre meines Lebens verkehrt gelebt und geglaubt!«

Ich beruhige sie.

»Sie sind jung und haben das ganze Leben noch vor sich. Oder?«

»Jung?« Frau Hildebrandt schüttelt zweifelnd den Kopf.

»Ich bin 38 Jahre alt und eine einzige Versagerin.«

Ich korrigiere liebevoll.

»Sie sind 38 Jahre alt und können noch 50 Jahre ein völlig neues Leben gestalten. Wenn Sie allerdings glauben, Sie sind eine Versagerin, dann verhalten Sie sich auch wie eine Versagerin. Und das will Ihnen Gott nicht zumuten.«

Die Ratsuchende hakt ein:

»Das heißt, ich bin eine Versagerin, weil ich es fest glaube.«

»Wenn Sie bei Ihren Vorstellungen bleiben, stellen Sie Ihr Handeln darauf ein.«

»Und wenn ich glauben kann, dass Gott alles macht, dann bin ich frei?«

»Dann wird es Ihnen mit Sicherheit besser gehen.«

Ich schaue auf meine Uhr.

»Für heute ist die Zeit um. Wir sollten ein andermal weitermachen, wenn Sie möchten.«

Frau Hildebrandt schaut auch auf ihre Uhr.

»Sie haben recht. Ich fühle mich erleichtert und wäre glücklich, wenn es anhielte. Denn wenn ich im alten Stil weitermache, können Sie mich in die Klappsmühle bringen.«

Ich zücke meinen Terminkalender und schlage einige Termine vor.

Frau Hildebrandt nimmt den Ersten.

»Darf ich dann meine Freundin wieder mitbringen?«

»Sie dürfen!«, versuche ich ihr Mut zu machen.

Zu dritt erheben wir uns.

Frau Hildebrandt zahlt mir ihr Honorar und ich begleite beide Damen zum Ausgang.

Was hilft beim Abbau der Angst?

Frau Hildebrandt ging erleichtert aus der ersten Beratung. Aber sie vergewisserte sich in den folgenden Tagen beim Pastor ihrer Gemeinde, ob sie tatsächlich nicht besessen sei. Die Bestätigung des Geistlichen brachte ihr eine zusätzliche Erleichterung.

Aber Menschen mit Zwangsstörungen sind in der Regel mit einem krankhaften Zweifel infiziert. Ihre negativen Gedanken, ihr Misstrauen und ihre Angst halten sie gefesselt.

Etwa acht Tage später kommen die beiden Damen wieder in die Seelsorge.

Frau Hildebrandt erzählt,

- dass sie mehr Zeit hat, sich den Kindern zu widmen;
- dass ihre Grübeleien an Stärke verloren haben;
- dass es ihr ab und zu gelingt, sich zur Ordnung zu rufen, um die überspitzten Selbstanforderungen zu bremsen.

Die Freundin, die sie regelmäßig besucht und ihr beisteht, bestätigt, dass der seelische und körperliche Stress, den sich Frau Hildebrandt selbst gemacht hatte, etwas nachgelassen habe.

Die Ratsuchende will sich nichts vormachen und gesteht:

»Aber auf meinen Perfektionismus im Haushalt, bei den Kindern, beim Mann und in Beziehung zu Gott kann ich noch nicht verzichten.«

Sie zitiert Jesus, der gesagt habe, dass vom Gesetz nicht ein Jota unterschlagen werden dürfe.

Ich frage sie:

»Und wie geht es Ihnen dabei?«

»Die Kinder wollen mich zufriedenstellen und sagen Ja zu meinen Forderungen, lassen aber vieles liegen und setzen sich elegant über meine Anweisungen hinweg. Mein Mann erfüllt auch widerwillig meine Wünsche und lässt mich seine Ablehnung spüren. Ich habe deshalb den Eindruck, unser Haushalt und unser Leben sind nach wie vor in Unordnung und mein Gebets- und Glaubensleben sind chaotisch.«

Ich frage Frau Hildebrandt:

»Jesus will, dass nicht ein Jota vom Gesetz unterschlagen wird. Das ist auch meine Meinung. Aber besteht nicht ein Unterschied zwischen dem Gesetz Jesu und Ihren Gesetzen, die Sie der Familie auferlegen?«

Die Freundin muss laut lachen.

Frau Hildebrandt ärgert sich.

»Du fällst mir in den Rücken, Anita!«

Die reagiert sofort:

»Das will ich natürlich nicht, aber an der Stelle hat Herr Ruthe recht.«

»Und was soll ich tun?«

Ich vermittle.

»Überprüfen Sie einmal, ob Ihre Forderungen und Ansprüche mit den Gesetzen Gottes übereinstimmen oder ob Sie *Ihre* Gebote und Verbote der Familie überstülpen.«

Frau Hildebrandt schaut unter die Decke, denkt einen Augenblick nach und sagt:

»Wenn ich das einstelle, habe ich ja gar nichts mehr zu sagen!«

Ihr kommen die Tränen.

Die Einsicht erschüttert sie.

Ich lasse den Satz einen Augenblick auf uns wirken. Dann frage ich:

»Kann es sein, dass Sie deswegen an Zwangsstörungen leiden, weil Sie in der Familie bestimmen und den Ton angeben wollen?«

Frau Hildebrandt schlägt ihre Hände vors Gesicht.

»Ja, ich möchte ernst genommen werden. Ja, ich möchte mich durchsetzen. Was habe ich sonst zu melden? Nichts. Wer bin ich? Ein Niemand.«

Fast gehen ihre Worte im Weinen unter.

Ihre Freundin springt vom Sitz auf und nimmt sie spontan in den Arm. Beide Frauen umarmen sich eine Zeit lang und weinen miteinander.

Ich versuche, das Gespräch wieder in Gang zu bringen.

»In Beratung und Seelsorge fragen wir ständig nach unseren versteckten und offenen Motiven. Was verbirgt sich hinter unseren Problemen und Schwierigkeiten? Was wollen wir erreichen? Wozu tun wir dieses oder jenes? Was drücken wir mit Zwangsstörungen aus?«

Frau Hildebrandt hat ihre Freundin wieder losgelassen

und starrt nachdenklich vor sich hin. Sie sagt: »Ich verstehe immer mehr, warum mein Mann und ab und zu auch meine Kinder mich mit ›Haustyrann‹ beschimpfen. Ich muss meine Ziele durchsetzen, sonst ist das Durcheinander noch schlimmer. Ich muss das Heft in der Hand behalten.«

»Dreimal sagen Sie ›Ich‹. Sie bestimmen, halten das Heft in der Hand und werden doch nicht von Herzen geliebt, ist es nicht so?«

Die Augen von Frau Hildebrandt werden wieder feucht. Ihre Freundin legt die Hand auf ihren Arm.

»Ich bin eben eine Versagerin!«, bricht es aus der Ratsuchenden heraus.

»Oder fangen eben alles falsch an«, werfe ich ein. »Sie verzichten auf Ihre Zwänge, stehen im Mittelpunkt als geliebte Frau und Mutter und gewinnen auf positive Weise die Oberhand. Wie finden Sie das?«

»Vielleicht möchte ich das gern, aber ich muss auf meine Selbstvorwürfe hören. Mein Gewissen ist streng mit mir. Und ich muss auf diese radikale Stimme hören. Und solange ich das tue, kann ich mit Gott leben, auch wenn es mir absolut schlecht dabei geht.«

Mir fällt ein hilfreiches Bibelwort ein, aber ich weiß nicht, wo es steht. Ich gehe an meinen Schreibtisch, hole die Wortkonkordanz und suche die Bibelstelle. Es dauert eine Weile, die beiden Damen unterhalten sich angeregt und ich finde die Bibelstelle.

Mit der aufgeschlagenen Bibel komme ich an meinen Platz zurück.

»Sie sagten eben, dass Sie ein strenges Gewissen hätten und auf diese radikale Stimme hören müssen. Und was sagt Ihnen diese Stimme?«

Frau Hildebrandt sprudelt spontan los. Da ist sie ganz in ihrem Element. Selbstvorwürfe bestimmen ihr Leben.

»Du bist eine schlechte Erzieherin. Deine Kinder werden es dir vorhalten, solange du lebst.

Du bist eine schlechte Ehefrau, weil du deinen Partner nicht von Herzen liebst.

Du bist eine schlechte Christin, weil du keine Freude ausstrahlst, kein Zeugnis gibst und Gottes Wort vernachlässigst ...«

Mit einer Handbewegung unterbreche ich sie.

»Ich bin sicher, Ihnen fallen noch mehr Beispiele ein. Aber es geht Ihnen sehr schlecht dabei. Und Sie glauben, dass Gott das will, Sie glauben, dass Gott Sie leiden lassen will?«

Frau Hildebrandt stöhnt leise vor sich hin.

»Ich weiß es wirklich nicht. Ich bin am Ende.«

»Vielleicht hat Gott die Antwort für Sie!«, sage ich und lese ihr das gesuchte Bibelwort vor: »Im ersten Johannesbrief, Kapitel 3, steht: ›Denn immer, wenn unser Gewissen uns verurteilt, wissen wir, dass Gott größer ist als unser Gewissen. Er weiß alles. Wenn also unser Gewissen uns nicht mehr verurteilen kann, dann dürfen wir mit Zuversicht zu Gott aufschauen.‹«

Frau Hildebrandt zieht ihre Stirn kraus.

»Ist denn unser Gewissen nicht Gottes Stimme?«

Ich schüttele energisch den Kopf.

»Das wäre angenehm. Wir wüssten immer, wie wir dran sind. Leider ist es nicht so. Unser Gewissen, unser Herz, ist eine Mördergrube, sagt Jesus. Alle schlechten und schlimmen Dinge werden hier ausgebrütet und in die Tat umgesetzt. Das Gewissen kann sogar der Teufel benutzen und uns die verrücktesten Überzeugungen einreden. Schön wär's, wir könnten uns auf diese innere Stimme verlassen.«

Frau Hildebrandt lehnt sich zurück und schließt die Augen. Ihr wird alles zu viel.

»Ich bin verwirrt«, flüstert sie, und ihre Freundin hat

ihren Stuhl ganz dicht an den von Frau Hildebrandt gerückt und streichelt ihre Hände.

Ich greife das Gehörte auf.

»Dann sollten wir für heute abbrechen. Wenn Sie möchten, machen wir in einigen Tagen weiter. Rufen Sie mich an und wir machen einen Termin aus. Sollen wir so verbleiben?«

Frau Hildebrandt ist erschöpft und nickt zustimmend.

Dann frage ich die Freundin:

»Wie denken Sie über das Gehörte?«

Die Dame sagt überzeugt:

»Ich sehe jetzt eine gute Lösung. Mir sind auch einige Lichter aufgegangen. Wir haben in der Zwischenzeit bis zum neuen Termin gute Möglichkeiten, über alles ausführlich zu sprechen. Bisher war mir auch vieles völlig unklar.«

Ich bringe beide Damen zum Ausgang.

Angst und Gewissen

Fünf Tage später sitze ich wieder mit beiden Damen im Beratungszimmer zusammen.

Ich leite das Gespräch ein und schaue Frau Hildebrandt an.

»Wie ist es Ihnen ergangen?«

»Ich habe einige turbulente Tage durchgemacht. Sie stellen bei mir ja alles in Frage. Ich habe völlig den Boden unter den Füßen verloren.«

»Ich denke, der Mensch mit Zwangsgedanken weiß ganz genau, was er will.«

Frau Hildebrandt reagiert sofort.

»Das ist es ja. Noch vor Kurzem wusste ich genau, was ich tun musste und sollte. Ich hörte alles genau in meinem Gewissen. Jetzt sagen Sie, dass mein Gewissen ein Organ ist, das viele Sprecher benutzen können. Sogar der Teufel.

Das hat mich ganz schwindelig gemacht. Einen Tag habe ich tatenlos im Bett gelegen und alles zergrübelt.«

»Und was ist dabei herausgekommen?«, frage ich.

»Anita hat mir kräftig geholfen, alles zu ordnen. Allerdings hat sie hinter meinem Rücken mit meinem Mann und den Kindern gesprochen.«

»Mit welchem Ergebnis?«, hake ich nach.

Jetzt greift die Freundin ein.

»Wenn Frau Hildebrandt die Tyrannei aufgibt, haben Mann und Kinder gesagt, werden sie Frau und Mutter auf Händen tragen.«

»Ha, ha ha«, zweifelt Frau Hildebrandt solche Versprechen an.

»Die beuten mich aus und machen mit mir, was Sie wollen.«

Den Faden greife ich auf.

»Das ist Ihre große Angst. Das Hauptmotiv Ihrer Zwänge haben Sie erkannt: Sie wollen und müssen sich durchsetzen, weil Sie glauben, ein Nichts zu sein. Sie glauben, wenn Sie bestimmen und das Heft in der Hand halten, sind Sie wenigstens die Chefin oder die Prinzessin, auch wenn Sie dabei bitterlich leiden. Ist das richtig?«

»Ja, das habe ich bisher geglaubt.«

»Bisher. Und morgen?«

Frau Hildebrandt druckst herum.

»Noch habe ich keine Antwort, die mich befriedigt …«

»…Weil Sie Ihrem Mann und den Kindern misstrauen, ist es das?«

Sie wirft ihre Hände in den Schoß und sagt trotzig:

»In meinem ganzen Leben wurde ich nicht geliebt und ernst genommen. Wie soll ich glauben, dass ich jetzt wirklich geliebt werde!«

Ich richte mich im Sessel auf.

»Ganz einfach. Bis jetzt haben Sie die Tyrannin und

Chefin gespielt und sind seelisch und körperlich dabei krank geworden.

Die Motive und Praktiken sind offensichtlich falsch. Die neuen können Sie ja ausprobieren oder trauen Sie dem Braten nicht?«

Frau Hildebrandt atmet schwer und wiegt den Kopf leicht hin und her.

»Ich bin skeptisch. Mit Liebe und Angenommensein habe ich bisher keine Erfahrungen gemacht. Also bleibe ich zurückhaltend. Oder ist das falsch?«

»O nein, das ist im Prinzip goldrichtig. Nur: Ihre bisherigen Praktiken sind misslungen, jetzt können nur neue ausprobiert werden, das ist doch logisch!«

Die Freundin greift in das Gespräch ein.

»Das habe ich ihr auch gesagt. Schlimmer als jetzt kann es dabei nicht werden.«

Frau Hildebrandt windet sich.

»Und wie soll das praktisch funktionieren? Bisher habe ich allein bestimmt. Widerreden habe ich erstickt.«

Sie ist so von sich überzeugt, dass sie glaubt, alle Argumente widerlegen zu können.

»Wollen Sie weiter leiden und von Angst aufgefressen werden?«

Frau Hildebrandt schreit geradezu:

»Nein, nein, nein!«

Ihre Freundin hält sich die Ohren zu.

»Dann wenden Sie mit Ihrer Familie eine neue Strategie an.«

Frau Hildebrandt dreht ihre Daumen.

»Da bin ich aber gespannt.«

»Mein Vorschlag ist, wir üben beim nächsten Gespräch mit Ihrem Mann und den beiden Kindern den so genannten ›Familienrat‹. Alle Entscheidungen werden gemeinsam beraten, gemeinsam gefasst und gemeinsam durchgeführt.«

Frau Hildebrandt schaut düster.

»Ich werde also ausgeschaltet? Ich werde also kleinge-macht?«

Es fällt mir nicht leicht, die nötige Geduld aufzubringen.

»Mir liegt am Herzen, dass Sie zufrieden werden, Ihre Zwangsstörungen ablegen, sich wohlfühlen und vom Mann und den Kindern wirklich geliebt werden.«

Ich ergänze:

»Ihre Rolle als Chefin und Tyrannin verändern wir. Die hat Ihnen nur Ärger und Ablehnung eingebracht. Wir pro-bieren eine Rolle, die Ihnen Respekt, Wohlwollen und Liebe einbringt. Ich verstehe gut, dass Sie daran zweifeln, weil Sie Liebe und Zuneigung nie erfahren haben.«

Frau Hildebrandt schaut mich fragend an.

»Sie müssen das jetzt nicht entscheiden. Ihre Freundin hat mitgehört. Sie durchdenken alles und rufen mich an, was Sie vorhaben. Hier sollten wir heute einen Schluss-punkt setzen.«

Die Ratsuchende seufzt.

»Ja, Gott sei Dank! Ich bin schon wieder an der Grenze der Erschöpfung. Ich brauche in der Tat Zeit, das Neue zu verarbeiten.«

Alle drei stehen. Frau Hildebrandt kramt in ihrer Hand-tasche und reicht mir das Honorar.

Ich begleite die Damen zum Ausgang.

Wir verabschieden uns.

Der Familienrat tagt

Die Freundin hat Frau Hildebrandt überredet, sich auf das Experiment einzulassen. Gleichzeitig hat sie sich hinter den Ehemann und die Kinder geklemmt, die Sitzung nicht zu torpedieren.

Acht Tage später ruft mich der Ehemann an. Er spricht von positiven Veränderungen bei seiner Frau. Er lässt durchblicken, dass das der letzte Versuch gewesen sei, Ehe und Familie aufrechtzuerhalten. Er habe wiederholt mit dem Gedanken Scheidung gespielt und mit Trennung gedroht.

Beide Kinder seien zehn und zwölf Jahre alt. Er habe sich schon bei einem Anwalt erkundigt und würde beide Kinder mitnehmen. Schließlich sei ihnen eine solche Mutter nicht zuzumuten. Er liebe seine Frau, aber er wolle sich nicht länger »knebeln« lassen. Als bewusster Christ habe er die Scheidung bisher hinausgezögert, um auch seine Frau nicht ins Unglück zu stürzen.

Ich lasse durchblicken, dass das Experiment nur gelingen könne, wenn Mann und Kinder rückhaltlos zur Frau und Mutter ja sagen würden.

Wir vereinbaren einen Termin mit Ehefrau, Mann und Kindern, um den Familienrat aus der Taufe zu heben.

Wir haben einen Termin nach der Schule um 16 Uhr ausgemacht. Der Mann hat sich in der Firma eine Stunde eher beurlauben lassen.

An der Haustür erscheinen zwei fröhliche Kinder, ein Junge namens Markus und seine Schwester namens Madeleine. Der Mann geht als Letzter durch die Haustür.

Ich führe die Familie ins Beratungszimmer und lasse sie die Plätze wählen. Die Kinder platzieren sich rechts und links neben dem Vater, die Mutter sitzt am weitesten von der Mitte entfernt und wartet ab.

Ich begrüße alle noch einmal offiziell und frage die Jüngste, Madeleine: »Weißt du, warum wir hier heute zusammengekommen sind?«

Madeleine schaut die Mutter an, die schaut aber in ihren Schoß.

»Ja, Vati hat vor einigen Tagen mit uns gesprochen und

gesagt, dass wir in der Familie alles umstellen wollen. Wir sollen jetzt alles gemeinsam besprechen und jeder soll sagen, was ihm gefällt und was ihm nicht gefällt.«

Das Mädchen spricht verständlich und kann sich gut ausdrücken.

Sie schaut wieder die Mutter an, die sich nicht äußert.

»Und du, Markus, was hast du gehört?«

Er schaut auch die Mutter an, bevor er antwortet:

»Wir wollen das jetzt alles demokratischer regeln. Bisher hat Mutti alles allein bestimmt.«

Der Junge ist direkt. Mutter beißt sich auf die Lippen.

Ich spreche die Kinder an:

»Hat der Vater das Wort Demokratie benutzt oder stammt das von dir?«

»Papa hat nichts davon gesagt. Wir lernen das in der Schule. Nur zu Hause wird es anders gemacht.«

Die Mutter würde sich am liebsten äußern, aber sie zwingt sich zur Ruhe.

»Und könnt ihr euch vorstellen, dass das für die ganze Familie vorteilhafter ist?«

Der Junge ist wieder vorneweg.

»Ganz klar, wir können doch in der Familie nicht autoritär sein, wenn es draußen demokratisch zugeht.«

Ich spreche das Mädchen an.

»Hast du verstanden, was dein Bruder gesagt hat?«

»Ja, er hat mir das vorher schon alles erklärt.«

»Dann hast du sicher ein gutes Verhältnis zu deinem Bruder?«

»Wir reden über alles, Mutti hat oft keine Zeit. Sie putzt und ist immer beschäftigt.«

Ich frage die Mutti, wie sie das sieht.

»Frau Hildebrandt, beide Kinder haben sich schon geäußert. Sie können sich einen Familienrat vorstellen. Wie geht es Ihnen dabei?«

Dass sie so oder ähnlich gefragt wird, hat sie im Voraus bedacht.

»Ich habe leider so ein Verhalten von Kind auf nicht gelernt und erlebt. Wahrscheinlich bin ich autoritär und bestimme allein. Aber ich bin bereit, ein anderes Verhalten in der Familie einzuüben.«

Ich komme Frau Hildebrandt entgegen.

»Mutti hat wahrscheinlich kein demokratisches Verhalten gelernt. Sie kann damit nicht umgehen und hat sich ein autoritäres angewöhnt. Wenn wir das gemeinsam umstellen wollen, müsst ihr alle der Mutti sehr helfen. Seid ihr dazu bereit?«

»Dewegen sind wir gekommen!«, sagt der Vater.

»Das wird aber auch langsam Zeit. Wenn das so weitergegangen wäre, wäre ich ausgezogen, sobald ich 18 geworden wäre«, kommentiert Markus seine Einstellung.

Der Mutter schießen Tränen in die Augen.

Jetzt ist es Madeleine, die auf die Mutter zuläuft und sie in den Arm nimmt. Frau Hildebrandt drückt die Kleine ganz fest.

Auch der Vater mischt sich ein.

»Mutter hat geglaubt, sie müsste für alles die Verantwortung übernehmen, das hat sie ganz krank gemacht.«

Die Mutter nickt und wischt sich mit einer Hand die Tränen aus den Augen. Sie ist gerührt, dass sie von einigen Seiten Unterstützung erhält.

Ich nehme die Gelegenheit wahr, den Familienrat vorzustellen.

»Der Familienrat hat also den Sinn, dass alle Fragen und Probleme, die in einer Familie auftauchen, nicht mehr von einer Person entschieden werden, sondern von allen Familienmitgliedern. Dann gibt es keine Rebellion und auch keinen versteckten Widerstand. Den habe ich bei Markus gespürt.«

»Und wer hat die Leitung?«, fragt der Vater.

»Wenn die Kinder alt genug sind, kann die Leitung abwechselnd geschehen. Vater, Mutter und Kinder sind nacheinander dran.«

»Und wann bin ich alt genug?«, fragt Markus.

»Ich vermute, jetzt schon. Aber die Leitung musst du lernen.«

Ich schlage vor, dass wir eine Sitzung unter meiner Leitung praktizieren und zu Hause weitergeübt werden kann.

Die Beteiligten nicken, nur die Mutter hat noch mit ihren Gefühlen zu kämpfen.

Ich sage: »Beim Essen, an dem alle beteiligt sind, kann gefragt werden, wann am besten die Besprechungen stattfinden. Denn alle müssen sich auf einen bestimmten Tag und eine bestimmte Uhrzeit einigen.« Dann bitte ich um Aufmerksamkeit.

»Also, die Sitzung ist eröffnet, was sollen wir heute besprechen?«

Als Erste meldet sich Madeleine. Ich erteile ihr das Wort:

»Ich möchte, dass Mutti nicht mehr so leidet. Wir haben alle hintenherum auf ihr herumgehackt und waren sauer.«

Markus meldet sich laut zu Wort:

»Ich war stinksauer und bin es noch. Mutter hat alles bestimmt und Kritik hat sie nicht angehört.«

Ich bitte die Mutter, sich zu äußern.

»Ich habe mich aufgeopfert und jetzt kriege ich nur Schläge. Tag und Nacht habe ich mir Gedanken gemacht und kaum geschlafen.«

Wieder kommt ihr Mann ihr entgegen.

»Du hast recht, genau das wollen wir jetzt ändern. Alle denken wir nach und überlegen, was zu tun ist. Ich glaube, das ist ein Weg, der funktionieren kann.«

Ich greife diesen Gedanken auf.

»Was können denn konkrete Hilfen sein, die die Mutter entlasten?«

Wie elektrisiert geht die Mutter dazwischen.

»Dass jeder in der Familie dafür sorgt, dass die Schuhe geputzt werden, dass der Flur sauber ist, dass die Toilette von jedem nachgeputzt wird, dass das Geschirr gespült wird, dass schmutzige Wäsche in die Wäschetruhe gepackt wird und nicht unter dem Bett verschwindet, dass in den Kinderzimmern aufgeräumt wird und dass, wenn das Toilettenpapier aufgebraucht ist, neues aufgehängt wird.

Bisher ist alles an mir hängen geblieben. Ich habe geschimpft und es selbst gemacht.«

Die Enttäuschung der Tyrannin hat sich Luft gemacht.

Die Übrigen schauen ratlos in die Runde.

»Wunderbar«, sage ich, »jetzt wird es konkret. Als Erstes brauchen wir einen Schriftführer, der die Probleme, die Mutter genannt hat, aufschreibt. Dann besprechen wir, wer was macht.«

Vater meldet sich.

»Ich führe heute mal Protokoll. Demnächst sind die Kinder dran.«

Ich ergänze:

»Aufgeschrieben werden nur Probleme und Lösungen. Mutter hat etwa fünf Probleme genannt, die notiert Papa auf seinem Block *(ich habe ihm einen Schreibblock und einen Kugelschreiber geholt)*. Dann suchen wir gemeinsam Lösungen.«

Vater hat sich den Block zurechtgelegt.

»Wir tragen noch einmal die Probleme zusammen, die Mutter genannt hat. Markus und Madeleine, wie lauteten die Punkte?«

Mutter will alle Punkte noch einmal nennen. Ich bitte sie, den Kindern den Vortritt zu lassen, damit die wirklich mitdenken.

Vater hat alle Punkte notiert.

»Wir besprechen jetzt die Lösungen«, sage ich. »Beim ersten Punkt ging es um das Schuheputzen. Sind alle bereit, ihre Schuhe selbst zu putzen?«

Die Kinder schauen sich an und nicken heftig.

Der Vater schließt sich etwas widerwillig an.

Die Mutter hebt die Hand. Sie sagt: »Und wer kontrolliert, dass dieser Punkt eingehalten wird?«

Gute Frage.

Markus meldet laut einen Einspruch an.

»Auf keinen Fall darf Mutti kontrollieren, sonst geht das alte Theater weiter. Das will ich nicht.«

Mutter tritt mit dem Fuß auf. Die alte Rolle meldet sich bei ihr.

Ich hebe abwehrend meine Hand und gebiete ihr, sich zurückzuhalten.

»Und wenn du es machst, Markus?«, fragt Madeleine.

Damit hat Markus nicht gerechnet.

Er braucht eine Zeit lang, um sich zu entscheiden.

»Gut, ich mach es.«

»Du sprichst liebevoll jedes Familienmitglied an, das die Schuhe nicht geputzt hat, und bis zum Schlafengehen muss das Putzen nachgeholt werden. Jeder, der Aufgaben übernimmt, verpflichtet sich, selbstverantwortlich seine Aufgaben auch zu erfüllen«, fordere ich ihn auf und frage: »Ist bei dem Punkt noch etwas unklar?«

Niemand meldet sich.

»Also kommen wir zum zweiten Punkt. Herr Hildebrandt, worum geht es?«

Vater schaut auf seinen Block.

»Dass der Flur immer aufgeräumt ist.«

Mutter meldet sich zu Wort. Ich bitte sie, den Punkt zu kommentieren.

»Der Flur sieht immer aus wie eine Räuberhöhle. Jeder

lässt seine Sachen dort liegen. Ich ärgere mich schwarz. Die Kinder lassen ihre Ranzen fallen, wo sie gerade stehen. Die schmutzigen Schuhe stehen überall herum, und mein Mann lässt seine Aktentasche im Flur stehen. Jeder kann drüberfallen. Auch Mäntel und Jacken werden oft nicht vernünftig aufgehängt. Ich kriege immer wieder Magenschmerzen davon.«

Die Stimme von Frau Hildebrandt wird brüchig, ihre Augen werden wieder feucht.

Madeleine drückt ihre Mutter, legt ihren Arm um ihren Hals und sagt dann:

»Ich kümmere mich um den Flur. Das ist meine Aufgabe. Aber, Mutti, du hältst dich ab sofort da raus! Du regst dich nicht mehr darüber auf!«

Das Mädchen streichelt die Wangen seiner Mutter.

Ich ergänze:

»Jeden, der etwas versäumt hat, sprichst du liebevoll, aber bestimmt an, dass er sofort den Flur in Ordnung bringt.«

Ich frage: »Und welche Aufgabe bleibt für den Vati?«

Wieder prescht Frau Hildebrandt vor.

»Herr Ruthe, kann mein Mann nicht im Sitzen sein Geschäft verrichten? Immer ist der Toilettenrand verdreckt und es stinkt entsetzlich. In der Familie bin ich nur eine geduldete Putz- und Toilettenfrau. Ich schäme mich für meine Familie!«

Sie schlägt beide Hände vors Gesicht.

Der Ehemann ist erschrocken. Dann fängt er sich, nimmt seinen Block und schreibt laut vor sich hin sprechend ins Protokoll:

»Toilettenproblem: Ich werde ab sofort ein Sitzpinkler. Ich verspreche es.«

Alle lachen, nur Frau Hildebrandt kämpft mit den Tränen.

Ich schaue auf die Uhr und sage:

»Für heute ist die Sitzung beendet. Wir haben drei wichtige Probleme beschlossen. Auf der nächsten Familienratssitzung werden wir überprüfen, ob sich jeder an seine Zusagen gehalten hat.«

Ich bedanke mich besonders bei der Jüngsten, bei Madeleine, die das Hauptproblem in der Familie zum Gespräch erhoben hat: »Wie können wir Mutter entlasten.«

Ich schaue noch einmal Frau Hildebrandt an und frage sie: »Glauben Sie, dass der Familienrat eine Hilfe sein wird, um Sie ernsthaft zu entlasten?«

Sie zögert und wiegt ihren Kopf leicht hin und her. »Ich bin überaus skeptisch. Aber ich lasse mich überraschen. Wahrscheinlich bleibt am Ende doch wieder alles an mir hängen. Ich schimpfe, und es passiert nichts!«

Markus springt vom Stuhl auf. »Du sollst ja auch nicht schimpfen! *Wir* haben die Verantwortung übernommen und nicht *du*!«

Der Vater fragt: »Und wenn Mutti doch wieder schimpft?«

Ich gebe der Familie einen Rat, der sich in vielen Situationen bewährt hat: »Dann bekommt Mutti von allen Familienmitgliedern einen Kuss.«

Alle erheben sich.

Wir gehen gemeinsam zum Ausgang.

Der Vater geht als Letzter. Er überreicht mir augenzwinkernd das Honorar.

»Wann kommen wir wieder zusammen?«, fragt der Mann.

»Wenn es gar nicht klappt, in drei Wochen. Und bis dahin findet bei Ihnen zu Hause jede Woche eine Sitzung statt. Nicht länger als eine Stunde. Einverstanden?«

Der Mann nickt zufrieden.

Perfektion und Angst – eine Zusammenfassung

Etwa vierzehn Tage höre ich nichts von Familie Hildebrandt. Dann ruft die Frau an.

»Sie wissen ja, ich bin eine ausgesprochene Pessimistin.
Mit großen Zweifeln bin ich bei Ihnen weggegangen. Aber
mein Mann und die Kinder geben sich große Mühe, die
Punkte, die wir angesprochen haben, zu erfüllen. Alle sind
nett zu mir, ich erlebe einen Frühling von Liebesgefühlen.
Selbstverständlich ist nicht alles so, wie ich es mir wünsche. Aber ich kapiere immer mehr: Meine Ansprüche sind
zu hoch. Die ehrgeizigen Ansprüche machen mich kaputt.
Sie glauben gar nicht, wie viele Küsse ich schon bekommen habe! Mehr als in meinem ganzen Leben! Ihr Rat hat
Wunder gewirkt. Noch vor Wochen fühlte ich mich unge-
liebt und ausgestoßen. Mein Mann hat mir gestanden, dass
er ernsthaft mit dem Gedanken an Scheidung gespielt hat.«

Sie macht eine Pause.

»Ich freue mich, dass es Ihnen und der Familie besser
geht. Es wird Rückfälle geben, die gehören im Leben dazu.
Die alten Muster können sich leicht wieder einschleichen,
und zwar bei allen, auch bei Ihnen.«

Sie reagiert wieder ängstlich.

»Und was mache ich dann?«

»Sie nehmen jeden, den sie am liebsten beschimpfen
möchten, der wieder geschludert hat, in den Arm und küs-
sen ihn. Gleichzeitig bitten Sie ihn mit lieben Worten, die
Ihnen Gott schenkt, wenn Sie ihn darum bitten, dass der
Betroffene seine Versäumnisse nachholt. Sie wissen doch,
hässliche Kritik weckt Abwehr und Rebellion.«

»Davon habe ich die Nase voll!«, sagt sie.

»Entscheidend ist, dass Sie niemals aufgeben, wenn
Rückfälle eintreten, dass Sie niemals wieder die alten Muster aufgreifen.«

»Ich hoffe, dass ich das kann. Denn ich möchte gesund und geliebt werden.«

»Sie sprechen noch einmal Ihr Hauptmotiv an: Sie haben aus Angst Ihre Perfektionismus-Tyrannei benutzt, um zu herrschen, um anerkannt zu werden, um geachtet zu werden. Erreicht haben Sie das Gegenteil. Geliebt wurden Sie nicht. Wenn Sie jetzt im Familienrat alle Probleme gemeinsam entscheiden lassen, werden Sie geachtet und geliebt. Sie erleben es ja jetzt schon, oder ist es nicht so?«

Frau Hildebrandt stimmt zu. »Das habe ich nicht erwartet. Meine Kinder und mein Mann haben sich geändert. Vorher immer nur böse Blicke und Abwehr. Vorher nur Kampf und Auseinandersetzung. Auch ich musste kämpfen, um nicht unterzugehen. Und immer die Angst, ich schaffe es nicht, ich gehe dabei drauf. Die Angst hat meine Gesundheit untergraben. Ich bin immer noch das reinste Nervenbündel. Aber das wollte ich Ihnen auch noch sagen: Beim ersten Gespräch haben Sie mir einen Psychiater empfohlen, der mir Medikamente verordnen sollte, um die schreckliche Spannung und die Angst abzubauen. Zuerst war ich trotzig und unwillig. Ich wollte mit keinem Arzt für Verrückte zu tun haben. Dann bin ich gegangen, weil meine Angst mich explosiv machte. Auch die Medikamente haben mich ruhiger gemacht. Ein klein bisschen mehr kann ich fünf gerade sein lassen.«

Sechs Wochen später rief mich der Mann an. »Unser Zusammenleben ist viel besser geworden. Die Zwänge meiner Frau werden allmählich erträglicher. Sie kämpft nicht mehr mit uns und wir kämpfen nicht mehr mit ihr.

Vorher fühlte sie sich als Tyrannin, ich glaube, jetzt fühlt sie sich geliebt, wenn auch immer wieder mit Vorwürfen an die Kinder und an mich. Aber wenn sie schimpft, bekommt sie Küsse. Das imponiert ihr. Und den Kindern und mir macht es Spaß.«

»Und wie klappt es mit dem Familienrat?«, frage ich.

»Oh, der lässt noch zu wünschen übrig. Wir kommen regelmäßig zusammen, sprechen alles an, was anliegt. Aber wir streiten dabei auch viel. Auf jeden Fall geben wir uns alle Mühe. Wir beherrschen die Technik noch nicht. In der Bücherei haben wir ein Buch entdeckt, das die Regeln und Techniken des Familienrates erklärt, das wollen wir kaufen und gemeinsam lesen. Ich bin gespannt.

Was mir besonders gefällt: Meine Frau kann hin und wieder über sich lachen, über ihre verrückten Ansprüche und ihre Vollkommenheitswünsche. Sie muss sich nicht mehr ängstlich zwanghaft durchsetzen.«

»Das klingt doch Erfolg versprechend. Nur eins möchte ich anfügen: Wenn es Rückfälle gibt bei Ihrer Gattin, geben Sie nicht auf. Die können besonders bei seelischen Belastungen auftreten. Ermutigen Sie Ihre Kinder, die neuen erprobten Muster beizubehalten. Diese Muster haben sich bewährt und Ihre Gattin ist weitgehend davon überzeugt. Gibt es seelische Einbrüche und unerträgliche Belastungen, rufen Sie an. Wir versuchen, Lösungen zu finden.

Gottes Segen für die Zukunft.«

KAPITEL 9

Wie kann Perfektionismus verringert werden?

Welche Hilfen sind angezeigt, die Seelsorger und Fachleute weltweit getestet haben? Nicht alle Hilfen sind für jeden praktikabel. Wer sich innerlich wehrt, sollte Abstand nehmen. Versuchen Sie, sich in jede Hilfe hineinzuversetzen.

Hilfe Nr. 1:
Akzeptieren Sie den Kontrollzwang

Ausdrücklich wurde gesagt: Wer den Kontrollzwang bekämpft, bindet sich an die Gedanken, die er abwehren will. Zwangsgedanken ergreifen von Ihnen Besitz, wenn Sie sie attackieren. Je weniger Sie sich mit Abwehr beschäftigen, desto uninteressanter wird der Kontrollzwang. Sie wissen zwar, dass die Kontrollzwänge irreal sind, aber Sie haben sie nun mal. Ja und?

Wenn Sie Ihren Widerstand aufgeben, verlieren die Gedanken Macht über Sie. Angst und Befürchtungen halten die Kontrollzwänge aufrecht. Sie können es nur ausprobieren. Bestimmte Therapierichtungen haben gute Erfahrungen mit dieser Methode gemacht. Lassen Sie sich betend darauf ein.

»Herr, ich will diese Kontroll- und Ordnungszwänge bejahen. Ich weiß, dass sie unvernünftig sind. Aber sie gehören zu mir. Ich kann damit leben. Es gibt Schlimmeres!«

Sie bagatellisieren Ihre Probleme und nehmen ihnen die Schärfe. Sie stellen sie nicht mehr pausenlos in den Mittelpunkt und vergeuden Ihre kostbare Zeit mit Putzen und Kontrolle. Nur wenn Sie wirklich von dieser Einstellung überzeugt sind, lassen die Kontroll- und Ordnungszwänge nach. Sie lassen die Gedanken nicht nur zu, Sie heißen sie sogar willkommen. Der Kampf dagegen hat ein Ende.

Hilfe Nr. 2:
Fordern Sie sich spitzbübisch dazu auf, noch ordentlicher zu sein!

Auch diese Methode leuchtet vielen Menschen nicht ein. Sie zweifeln an der Richtigkeit. Und doch hat sie bei Unzählbaren zum Erfolg geführt. Die Methode hat viele Namen: »paradoxe Intention«, »paradoxe Verschreibung«, »die Verblüffung«, »das Unerwartete tun«.

Genaugenommen tun Sie das Gegenteil von dem, was Sie bisher getan haben. Bisher sind Sie *gegen* das Problem zu Felde gezogen. Sie haben es bekämpft. Und der Erfolg? Mit dem Kampf haben Sie es aufrechterhalten. Der Kampf hat Sie an das Problem gefesselt. Verzweifelt und tierisch ernst sind Sie dem Problem auf den Leim gekrochen.

Viktor E. Frankl hat die paradoxe Intention so beschrieben:

»Die paradoxe Intention ist echteste Logotherapie. Der Patient soll die Neurose objektivieren und sich von ihr distanzieren. (…) Nichts lässt den Patienten von sich selbst so distanzieren wie der *Humor*. (…) Der Patient soll lernen, der Angst ins Gesicht zu sehen, ja, ihr ins Gesicht zu lachen. Hierzu bedarf es eines Mutes zur Lächerlichkeit. Der Arzt darf sich nicht genieren, dem Patienten vorzusagen, ja vorzuschlagen, was sich der Patient sagen soll.«[1]

Humor ist, wenn man trotzdem lacht. Wer über sich lachen kann, nimmt seine Probleme weniger ernst. Wenn man sich selbst auf die Schippe nehmen kann mit seinen Fehlern und Schwächen, hat man weniger Angst, sich zu blamieren. Man hat seine Blamage schon vorweggenommen. Scham kann man kaum noch empfinden. Man hat sie andern ja schon erzählt. Man *bekämpft* nicht mehr seine Schwächen, man *steht* zu ihnen. Ein paar konkrete Anweisungen und Selbstappelle lauten etwa so:

»Edith, geliebte perfekte Seele, deine Küche sieht erbärmlich aus. Nimm dir einen Tag Zeit und schufte wie eine Besessene! Wenn du dann heute Abend völlig kaputt ins Bett fällst, dann hat sich deine Dummheit wenigstens gelohnt!«

»Werner, du trägst deinen Spitznamen als ›Erbsenzähler‹ zu Recht. Mach deinem Namen alle Ehre! Vielleicht kommst du eines Tages ins Guinness-Buch der Rekorde. Du hast sogar die Bäume des Westerwaldes gezählt. Du bist zwar verrückt, aber groß!«

Wer *über* dem Problem steht, kann darüber lachen. Wer *unter* dem Problem steht, wird von ihm erdrückt, kann nur jammern und klagen.

Hilfe Nr. 3:
Vermeiden Sie die Selbstzerstörung!

Die griechischen Heroen, die uns in vielen Legenden nahegebracht wurden, sind ein beredtes Beispiel dafür, wie sie sich mit ihrem Perfektionismus und Idealismus zugrunde gerichtet haben.

Da ist Sisyphos. Er muss einen schweren Stein zum Gipfel hinaufstemmen. Kurz vor dem Gipfel ereilt ihn das Unglück. Das Gewicht wird erdrückend. Die Kräfte sind erlahmt, Sisyphos kann den schweren Felsbrocken nicht mehr halten und lässt ihn mit voller Wucht zurückrollen. Sisyphos ist erschöpft und enttäuscht. Aber er muss die

gleichen Anstrengungen wiederholen, wenn er nicht sterben will. Über seinem Tun steht ein Wort: »vergeblich«. Mit
immer neuen Anstrengungen geht Sisyphos an die Arbeit.
Doch kurz vor dem Gipfel ereilt ihn wieder das Missgeschick. Er schafft es nicht. Sisyphos ist entmutigt, resigniert und völlig enttäuscht.

Viele Christen gleichen dem Sisyphos. Sie wollen das
Unmögliche möglich machen. Sie wollen aus eigener Kraft
und mit heroischer Anstrengung die Leidenschaften ihres
Lebens besiegen, die Kontrolle über Wünsche und Triebe
im Griff haben. Ihr Perfektionismus ist beängstigend und
ihr Idealismus beneidenswert. Aber weil die Sterne zu hoch
hängen,

- erleben sie körperliche und seelische Zusammen-
  brüche,
- erleben sie Phasen völliger Antriebslosigkeit,
- erleben sie Enttäuschungen, Resignation und Verbit-
  terung.

Ihre Ziele sind von ihnen selbst hochgeschraubt. Sie ruinieren ihre Gesundheit, sie zerstören ihren Selbstwert, ihren
Glauben an sich und den Glauben an den lebendigen Gott.

Was machen diese Christen falsch?

Statt sich mit Fehlern und Schwächen, mit Stärken und
Mängeln dem lebendigen Gott auszuliefern, wollen sie mit
eigener Kraft, mit Ehrgeiz und frommer Leistung ihr Leben
in den Griff bekommen.

- Hier ist das *Idealbild* wichtiger als der Wille Gottes.
- Hier ist der *Selbstanspruch* wichtiger als der Anspruch
  Gottes.
- Hier ist die *Selbstüberforderung* wichtiger als die For-
  derung der Bibel.

Es fehlen Ruhe und Gelassenheit. Perfektionismus und Selbstzerstörung gehen ein fragwürdiges Bündnis ein.

Hilfe Nr. 4:
Die Gnade der Selbstvergessenheit

Der Begründer der Logotherapie, Viktor E. Frankl, hat eine Therapiemethode entwickelt, die er »Dereflexion« nennt. In einem Buch formuliert er:

»Die Gnade der Selbstvergessenheit. Dereflexion meint letzten Endes: sich selbst ignorieren. Im Tagebuch eines Landpfarrers von Bernanos findet sich der schöne Satz: ›Es ist leichter, als man glaubt, sich zu hassen; die Gnade besteht darin, sich zu vergessen.‹ Nun, wir dürfen die Aussage variieren und wir können dann sagen, was sich so mancher neurotische Mensch nicht oft genug vor Augen halten kann, nämlich: Viel wichtiger, als sich zu *verachten* (Übergewissenhaftigkeit) oder sich zu *beachten* (Überbewusstheit), viel wichtiger als dies wäre, sich endlich vollends zu *vergessen*. Nur dass es unsere Patienten dann nicht so machen dürfen wie Kant, der einmal seinen diebischen Diener entlassen musste, seinen Schmerz aber nicht verhindern konnte und, um sich dazu zu zwingen, an eine Zimmerwand eine Tafel hängte mit der Aufschrift: ›Mein Diener muss vergessen werden.‹«[2]

Der große deutsche Philosoph Kant machte etwas, was mit Sicherheit nicht funktionierte. Indem er einen Zettel an die Wand heftete: »Mein Diener muss vergessen werden«, dachte er pausenlos an den Diener als Dieb. Wer sich gedanklich mit dem Diener beschäftigt, kann ihn nicht loslassen, kann ihn nicht *ignorieren*.

Wer eine Dereflexion erreichen will, wer seine Probleme – den Perfektionismus – ignorieren will, braucht Entkrampfung, Entlastung und Entspannung. Der Betroffene muss lernen, sozusagen seine Zügel schießen zu lassen. Was kann er sagen? »Guten Morgen, lieber Perfektionismus, stehst du schon wieder für mich bereit?«

Indem der Betroffene darüber lächeln kann, indem er die Neurose ironisiert, verliert sie ihren Ernst, verliert sie ihren Biss. Der Mensch geht leichter als bisher zur Tagesordnung über. Die Entkrampfung beginnt langsam, aber sicher.

Wie in einem anderen Beispiel die Dereflexion funktioniert, schildert uns die Schülerin Viktor Frankls, Elisabeth Lukas: Sie behandelte einen jungen Priester, der unter vielen psychosomatischen Beschwerden litt. Während der Messe zitterten seine Knie, das Atmen fiel ihm schwer, die Bewegung seiner Hände wurde fahrig, er brach in Schweiß aus und am Ende war er kaum in der Lage, die Messe zu Ende zu bringen. Elisabeth Lukas schreibt:

»Wem es vorrangig darum geht, ein erfolgreicher Priester zu sein, der muss davor zittern, ein erfolgloser zu werden, und wem es um die Bewunderung geht, die er erlangen möchte, der muss sich vor der Blamage fürchten. ›Haben Sie schon einmal eine Messe zur Ehre Gottes gehalten?‹, fragte ich meinen Patienten, der verblüfft aufsah. ›Bloß zur Ehre Gottes‹, fuhr ich fort, ›um IHM zu dienen …‹ Das Serum, das Sie gegen Ihre Beschwerden benötigen, müssen Sie selbst produzieren. Es ist die Hingabe an Ihren Beruf. Sie dürfen sich nicht intensiv beobachten, ob Sie nur ja alles perfekt beherrschen. Sie müssen sich vielmehr ganz vergessen und mit Ihren Gedanken bei dem Inhaltlichen Ihres Amtes verweilen. Dann werden Sie Ihr Amt beherrschen!«[3]

Der Priester als Perfektionist hat sich und seine Vollkommenheit zu sehr im Auge. Er will bewundert und angesehen sein. Er will ankommen. In dem Augenblick, wo er

Gott allein die Ehre gibt, wo er sich als Priester *hingibt,* lassen seine Probleme nach. Die Selbstbeobachtung hat ein Ende. Er schaut nicht mehr auf *seine* Vollkommenheit, sondern auf IHN. Und alle Probleme, die mit Perfektionismus zusammenhängen, die Selbstüberforderung, der Ehrgeiz und die Selbstschädigung, hören auf.

Hilfe Nr. 5:
Verantwortliches Leben erfordert Life-Management

Mit Life-Management kennzeichnet der Amerikaner die gut durchdachte Planung des eigenen Lebens. Und nur der ist ein guter Manager, der auch seine Gesundheit und sein eigenes Leben managt. Ein Manager, der an einem Infarkt erkrankt, ist oft kein guter Manager. Seine Ziele sind egozentrisch, seine Lebensweise ist lebensfeindlich. Geld, Erfolg und Ehre werden zu Göttern. Sein Leib ist kein Tempel Gottes, sondern die Hülle für eine selbstherrliche Computeranlage. Für den rastlos Tätigen, den Gehetzten und Überehrgeizigen trägt in erster Linie das Herz die Last.

Der Herzinfarkt lässt sich aber verhindern. Er ist nur selten ein unvermeidbares Schicksal. Immer gehört eine Reihe Faktoren dazu, die die Katastrophe heraufbeschwören. Es liegt an unserer Verantwortung. Wir können frei entscheiden und mit unserem Willen dafür sorgen, dass nicht mehrere Faktoren, die unser Herz schädigen, gleichzeitig bejaht werden. Der Zeitaufwand zur Verhaltensänderung ist meistens gering. Die Bibel zeigt, wie es um unseren Leib bestellt ist.

»Oder wisset ihr nicht, dass euer Leib ein Tempel des Heiligen Geistes in euch ist, den ihr von Gott habt, und dass ihr nicht euch selbst gehört?« (1. Kor. 6, 19).

Leib und Seele sind nahtlos verschweißt. Ein Hoch der Seele kann man körperlich wahrnehmen. Umgekehrt lässt ein seelisches Tief die Muskeln erschlaffen und die Stimme ermatten, es verspannt den Magen, martert den Kopf, peinigt den Rücken. Über die vielfältigen Folgen beim Perfektionismus wurde ausführlich gesprochen. Seele und Immunsystem beeinflussen sich wechselseitig.

Unser Leib ist ein Tempel des Heiligen Geistes. Ein Tempel will wie ein Tempel behandelt werden und nicht wie eine Fabrikhalle. Auch wir Christen können diesen Leib schonungslos zugrunde richten. Auch wir Christen können mit unserem Leib und mit unserer Gesundheit Schindluder treiben. Wenn Karrierestreben, Perfektionismus, Erfolg und berufliche Höchstleistungen die eingestandenen oder uneingestandenen Lebensziele sind, zahlen Herz und Kreislauf den Preis. Und der ist hoch. Perfektionismus wird als Instrument zur Welt- und Lebensbewältigung benutzt. Er *ist* ein fehlerhaftes und chronifiziertes Verhalten.

Die private Logik, wie Alfred Adler das irrtümliche Verhalten des Menschen nennt, lässt ihm seine Lebensweise als richtig erscheinen. Die private Logik stabilisiert das Selbstwertgefühl. Der Mensch kann vor sich und anderen bestehen. Er schummelt in die eigene Tasche und ist einigermaßen mit sich zufrieden.

In diesem Sinne hat die private Logik auch eine Selbstschutzfunktion. Der Mensch *glaubt* so handeln zu müssen, als ob seine Beurteilung das einzig Mögliche wäre.

Paulus traf damals die Korinther an einer empfindlichen Stelle. Christen gehören – mit ihrem Leib – nicht sich selbst, sondern Gott. Der Christ steht einerseits in der herrlichen Freiheit der Kinder Gottes, andererseits steht er mit Leib, Seele und Geist unter dem Herrschaftsanspruch des lebendigen Gottes.

Perfektionismus ist zwar eine Lebenseinstellung, also eine seelische Komponente. Aber er beeinflusst den Leib, das Immunsystem, alle Organe. Perfektionismus ist eine Glaubensfehlhaltung und eine Selbstschädigung. Leib und Seele werden entehrt. Der Körper wird missbraucht. Der Mensch zahlt wissentlich und unwissentlich einen hohen Preis.

Hilfe Nr. 6:
Verabschieden Sie sich vom Idealismus!

Viele Perfekte sind Idealisten. Sie wollen das Höchste, das Beste, das Idealste. Das führt zur Härte gegen sich selbst. Der Mensch fühlt sich nur gut, wenn er bestimmte Ideale erfüllt. Das Selbstwertgefühl ist befriedigt, wenn der Mensch seinen Idealen gerecht wird. Je mehr er aber diesen Idealen entsprechen will, desto härter muss er gegen sich zu Felde ziehen. Die Lebensfreude wird gebremst. Die Zufriedenheit wird gedeckelt. Der Selbstanspruch wird pausenlos gesteigert. Deutlich wird:

- der *eigene Anspruch* wird zur Messlatte,
- der *eigene Ehrgeiz* wird zum Maßstab,
- der *eigene Egoismus* wird zur Grundlage der Nachfolge.

Nicht Gott setzt das Ideal. Nicht Gottes Wille bestimmt unser Tun und Lassen.

Der Ordenspriester Anselm Grün formuliert es in einem seiner Bücher so:

»Ich zwinge mich dazu, den Idealen zu entsprechen, und treibe so eine Art asketischen Hochleistungssport. Die Messlatte wird immer höher gelegt und die Anstrengung, sie zu überspringen, immer mehr forciert. Damit vergewaltige ich mich selbst. Wir meinen, Gott möchte von uns, dass wir dieses oder jenes Ideal erfüllen, etwa, dass wir immer selbstbeherrscht sind, immer freundlich, immer für die andern da, immer nachgeben, niemals egoistisch. Aber es ist nicht Gottes Wille, sondern unser Ideal, mit dem wir den eigenen Ehrgeiz befriedigen.«[4]

Je mehr wir unsere Wünsche und Bedürfnisse verdrängen, je mehr das Ideal unser Leben bestimmt, desto aggressiver und härter reagieren wir auf andere. Härte gegen sich selbst beinhaltet in der Regel Härte gegen andere. Barmherzigkeit gegen uns selbst beinhaltet in der Regel Barmherzigkeit gegen andere.

Perfektionismus und Idealismus sind häufig selbstgewählte Wege, um sich vor Gott und den Menschen herauszustreichen. Der »asketische Hochleistungssport«, wie Anselm Grün diese Lebens- und Glaubenseinstellungen nennt, ist kein Weg echter und wahrer Nachfolge, sondern ein Irrweg, den uns der fromme Teufel schmackhaft machen will.

Hilfe Nr. 7:
Wenn die Vergangenheit uns nachläuft

Es ist nicht leicht, der Perfektionismus-Falle zu entgehen. Immer wieder treten die Botschaften aus der Kindheit ans Licht. Anweisungen, Tadel und Warnungen der Eltern und Großeltern stören die Partnerschaft.

Da ist ein Ratsuchender, der sitzt in einem Ehegespräch: »Ich fühle mich ständig von ihr festgelegt. Ich kann nicht mehr tun, was ich will. Sie versteht es, meine Wege, meine Pläne und meine Entscheidungen zu durchkreuzen. Wenn ich etwas vorhabe, liege ich schon auf der Lauer, ob nicht gleich eine liebevolle Stimme auftaucht, die dieses Vorhaben durchkreuzt. Es ist schrecklich, ich leide gewaltig darunter.«

Die Partnerin sitzt daneben und ist entsetzt. Hilflos stammelt sie: »Das kann ich mir mit bestem Willen nicht erklären. Ich lasse ihm viel Freiraum. Wo und wann tue ich das?«

Er: »Mir fällt ein Beispiel aus der Kindheit ein. Ich hatte mich riesig gefreut, mit meinen Freunden zum Schlittschuhlaufen zu fahren. Alle Utensilien hatte ich schon eingepackt und wollte das Haus verlassen. Eine panische Angst beschlich mich: ›Hoffentlich kommt mir die Mutter nicht in die Quere und hat eine begründete Aufgabe für mich, die unbedingt vorher erledigt werden muss.‹ Und prompt trat das Unglück ein. Mit ängstlichen Augen erschien sie in der Tür und bat mich, dringend mit dem Fahrrad zur Apotheke zu fahren. Ich war zerknirscht und untröstlich. Aber ich bin gefahren. Der Nachmittag mit den Freunden war kaputt.«

Ich: »Sie übertragen also eine schlimme Erfahrung aus der Kindheit auf Ihre Frau. Vermutlich sind Sie es selbst, der solche Befürchtungen hegt. Treffen sie ein, rebellieren Sie gegen Ihre Frau, wie Sie in der Kindheit gegen Ihre Mutter rebelliert haben.«

Er: »Das trifft leider genau zu. Ich habe eine grenzenlose Wut, wenn meine Pläne und Vorhaben von ihr durchkreuzt werden.«

Mit dem Perfektionismusstreben der Kindheit ist es ähnlich.

Hilfreiche Schritte sind:

Schritt 1:
Ich muss die Botschaft meiner Mutter nicht erfüllen

Da ist eine geradezu krankhafte Perfektionistin. Sie praktiziert einen Kontrollzwang, der ihr alle Freude am Leben nimmt. Was sie auch macht, denkt und fühlt, sie muss die

Konsequenzen nach allen Seiten absichern. Sie darf keinen Fehler machen. Fehler sind in ihren Augen nicht menschlich, Fehler sind katastrophal und krankhaft. Sie kann sich keine fünf Minuten entspannen, die Grübeleien zerstören ihre Gesundheit. Über Witze kann sie nicht lachen, das Leben ist zu schwer und ernst, alles muss sie bedenken, vordenken, überdenken und nachdenken. Ihre Befürchtungen sind Legion. Sie untergraben ihre Aktivität. Am Abend hat sie kaum etwas geschafft, ist aber mit den Nerven fertig. Ihre Selbstkontrolle, Fehler zu vermeiden, wirkt unmenschlich.

Sie muss den Rasen schneiden. Sie sitzt eine Stunde im Sessel und überlegt, welche Fehler ihr beim Schneiden des Rasens unterlaufen könnten.

- »Ist es draußen zu warm, verdorrt der Rasen.«
- »Ist die Schnittfläche beim Rasenmäher richtig eingestellt?«
- »Ist die Schnittfläche zu kurz eingestellt, verdirbt sie die Nabe.«
- »Welche Käfer, Fliegen und Kleinsttiere haben jetzt Brutzeit?«
- »Stört sie auch keine Nachbarn?«
- »Ist der Rasenmäher nicht zu breit?«

Sie hat erlebt, dass ein Nachbar böse über den Zaun schaute. Sie will Fehler und Konflikte vermeiden. Sie muss perfekt und vollkommen sein.

In einem Gespräch erzählt sie ausführlich von ihrer Mutter. Sie hat ihr das Leben vergällt.

»Sie hatte einen Vollkommenheitswahn. Nichts konnte ich ihr recht machen. Sie war mit mir ständig unzufrieden. Was ich sagte, dachte und machte, es war fehlerhaft und ungenügend. Ich höre heute noch ihren Satz, den sie tausendmal gesagt hat: ›Du machst alles kaputt!‹ Weil ich es ihr nicht heil und vollkommen ablieferte, war es eben kaputt. Heute ertappe ich mich dabei, dass ich nichts kaputtmachen will, und bin selbst kaputt.«

Viele Menschen leiden ununterbrochen unter subjektiven Mängeln.

- Sie sind zu *klein*.
- Sie sind zu *groß*.
- Sie sind zu *dick*.
- Sie sind zu *dünn*.
- Sie sind zu *egoistisch*.
- Sie sind zu *langsam*.
- Sie sind zu *schnell*.
- Sie sind zu *ungenau*.

Entscheidend ist das kleine Wörtchen *zu*. Wir erleben uns unvollkommen und unzureichend. Häufig sind es Elternbotschaften, die uns im Kopf herumschwirren. Wir hören Richtlinien und Tadel und können die unseligen Anweisungen aus Kindertagen nicht abschütteln. Die Botschaften sind mit starken Gefühlen von damals gekoppelt. Wenn wir erkennen, dass diese Botschaften mit den gekoppelten starken Gefühlen falsch und unsinnig sind, können wir sie ändern.

- Wir *können* ihre Fragwürdigkeit klar definieren.
- Wir *können* sie fallenlassen.
- Wir *können* sie ins Gebet nehmen.
- Wir *können* Gottes Hilfe zur Änderung in Anspruch nehmen.

Wichtig ist: Wir können die Vergangenheit nicht ändern, aber wir können uns in der Gegenwart verändern.

Schritt 2:
Welches Gefühl beschreibt meinen Schmerz am genauesten?

Gefühle, die ich bei negativen Botschaften der Erwachsenen gehabt habe, sind für die Änderung wichtig. Je präziser die Gefühle beschrieben werden, desto leichter sind sie zu korrigieren.

– Gefühle sind auch Spiegelungen meines Lebensstils.
– Gefühle sind Spiegelungen meiner Lebensgrundüberzeugung.

Wenn die Gefühle lauten:

– »Ich bin ein Versager«,
– »ich kann es den Erwachsenen niemals recht machen«,
– »ich mache ständig Fehler und bin absolut unvollkommen«,

dann geben diese Gefühlsäußerungen wichtige Aspekte meines Lebensstils wieder. Diese negativen Selbsteinreden können deprimieren und inaktiv machen. Sie rauben uns die Zufriedenheit und sind Lügen, an die wir glauben. Wir haben es als Christen in der Hand, diese krank machenden Botschaften zu ändern.

Schritt 3:
Ich reagiere mit konkreten Gegenbotschaften

Botschaften und Tadel, Warnungen und negative Kritik, die wir in der Kindheit erlebt haben, sitzen tief. Unterschwellig bestimmen sie unser Leben von heute. Wie gefährliche Viren dringen sie in Leib und Seele ein und vergiften unser Selbstbewusstsein. Je klarer wir sie benennen können, desto effektiver können wir ihnen begegnen. Lautet die Botschaft: »Bemühe dich, fehlerfrei zu sein!«, dann kann ich nur als Christ sagen: »Nein, diese Botschaft ist ungeistlich. Wer fehlerfrei ist, braucht Christus nicht. Er will aus eigener Kraft gerecht werden, und das ist unmöglich.« Meine Gegenbotschaft kann lauten: »Du musst dich *nicht* bemühen, fehlerfrei zu sein. Fehlerlosigkeit ist ein Fehler.«

Es geht darum, die Zauberformel der Eltern und Erwachsenen, die offensichtlich unser Leben belasten, kraftlos zu machen. Diese konkreten »Gegenbotschaften« nehme ich zusätzlich ins Gebet und bitte den Herrn, mir beizustehen, sie selbstvertrauend und selbstbewusst im Innern oder laut zu formulieren.

Schritt 4:
Ich trage meine verletzten Gefühle den Eltern vor
Schweigen löst keine Probleme. Herunterschlucken von Bitterkeit und aggressiven Gefühlen macht uns krank und lenkt uns von hilfreichen Lösungen ab. Wenn Eltern und Großeltern, die uns mit fragwürdigen Botschaften gequält haben, noch leben, beten wir um Kraft, ihnen in angemessener Form unsere Qual zu sagen. Kritik in Form von Ich-Botschaften formuliert, verletzt die Eltern am wenigsten.

- »Ich fühle mich beschämt …«
- »Ich fühle mich seit meiner Jugend unvollkommen und als Versager, weil ich eure Botschaft, ›fehlerlos zu reagieren‹, nicht realisieren konnte.«
- »Ich fühle mich ohnmächtig und leide schon jahrelang unter meiner Unvollkommenheit.«

Sind die verletzten Gefühle ausgesprochen, können wir auch den Eltern vergeben. Sie haben sicher nicht aus Bosheit so gehandelt. Aber gute Absichten sind selten gute Forderungen. Besonders sensible Kinder reagieren häufig übertrieben auf Botschaften der Eltern, um nicht anzuecken und um ihnen zu gefallen. Sie mühen sich ab und werden unglücklich, weil die Latte der Forderungen zu hoch lag. Versöhnung heißt nicht, Unrecht zu verharmlosen und schwere Verletzungen zu unterdrücken. Vor der Versöhnung steht die Aussprache. Manchmal müssen Konfrontation, Kritik und Konflikt sein. Wer zudeckt, bagatellisiert seine Beschwerden.

Hilfe Nr. 8:
Muss der Dienst für Jesus nicht perfekt geschehen?

Gehört die Vollkommenheit nicht zum christlichen Lebensstil? – Auf dem Willow-Creek-Leiterschaftskongress in Düsseldorf wurden von Ken Blanchard und Bill Hybels Fragen aus der Zuhörerschaft an die beiden Redner gestellt. Eine Frage lautete:

»Sie sprechen davon, dass der Dienst auf qualitativ hohem Niveau geschehen soll. Ist das nicht Perfektionismus, der bei den Mitarbeitern für einen hohen Erwartungsdruck sorgt?«

Antwort:

»Das ist ein Missverständnis. Wir streben nicht nach Perfektion! Kein Mensch und keine Gemeinde werden jemals perfekt sein. Uns geht es um Exzellenz – und das ist etwas anderes als Perfektion. Exzellenz bedeutet: das Beste aus dem zu machen, was man zur Verfügung hat. Es geht also nicht darum, wie teuer oder komplex oder groß etwas ist. Selbst die einfachsten Dinge kann man mit oder ohne Exzellenz tun. Wir haben entdeckt, dass tief im Herzen jeder Mitarbeiter herausgefordert werden möchte, etwas Außergewöhnliches und Hervorragendes für Gott zu tun. Und wenn Sie entdecken, dass Ihr Beitrag wirklich einen Unterschied ausmacht, dann wollen Sie sich mehr und mehr einbringen.«[5]

»Exzellent« ist ein lateinisch-französisches Wort und meint: hervorragend, ausgezeichnet und vortrefflich. Es ist keine Frage, wie schnell ein exzellenter Mitarbeiter in den Perfektionismus abrutschen kann.

- Perfektionismus ist Eigenmächtigkeit und Werkgerechtigkeit.
- Perfektionismus ist ein eklatanter Widerspruch zum wirklichen Christsein.
- Perfektionismus verleugnet die Kraft unseres Herrn.

Hilfe Nr. 9:
Vollkommenheitsstreben und Heiligung

Unter der Überschrift: »Wird ein Christ immer ›heiliger‹?«, brachte eine Zeitschrift eine Auseinandersetzung zwischen dem Leiter der Herrenhuter Brüdergemeinde, dem pietistischen Grafen Nikolaus Ludwig Graf von Zinzendorff (1700–1760), und dem Gründer der evangelisch-methodistischen Kirche, dem englischen Pfarrer John Wesley (1703–1791).

Wesley: »Ich bin in Sorge, dass Sie Falsches lehren, einmal über das Ziel unseres Glaubens in diesem Leben, also über die christliche Vollkommenheit, sodann über das, was unsere Kirche die Gnadenmittel nennt.«

Zinzendorff: »Ich erkenne keine innewohnende Vollkommenheit in diesem Leben an. Das ist der Irrtum aller Irrtümer. Ihn bekämpfe ich in der ganzen Welt mit Feuer und Schwert, ihn verfolge und vernichte ich. Allein Christus ist unsere Vollkommenheit. Wer eine innewohnende Vollkommenheit lehrt, der leugnet Christus.«

Wesley: »Ich aber glaube, dass Christi Geist im rechten Christen die Vollkommenheit schafft.«

Zinzendorff: »Keineswegs. Unsere ganze Vollkommenheit liegt in Christus. Alle christliche Vollkommenheit besteht im Vertrauen auf Christi Blut. Die ganze christliche Vollkommenheit ist imputiert (zugerechnet), nicht inhäriert (einwohnend). Wir sind vollkommen in Christus, in uns selbst niemals.«[6]

Wesley ging davon aus, dass Vollkommenheit und Heiligkeit den Christen im Glauben geschenkt werden. Zinzendorff widersprach ihm hart und konsequent. Vollkommenheit kann dem Christen *zugesprochen* werden. Aber sie *wohnt* nicht in ihm. Wesley ging davon aus, dass der Glaubende, der in der Liebe wächst, gleichfalls auch in der Heiligkeit zunimmt. »Menschen können in der Gnade wachsen, aber nicht in der Heiligkeit.« Perfektionismus ist und bleibt eine idealistische und ichsüchtige Denk- und Lebensstruktur.

Hilfe Nr. 10:
Unterscheiden Sie zwischen Erfolg und Frucht!

- Erfolge werden hart *erkämpft*.
  Früchte müssen *wachsen*.
- Erfolge kennzeichnen das *menschliche Streben*.
  Früchte kennzeichnen das *Wirken Gottes*.

Ein amerikanischer Psychiater beschreibt, wie er Perfektionismus und Erfolg einstuft:

»Im Rahmen einer Untersuchung über Leistungsfähigkeit und seelische Gesundheit habe ich kürzlich einer Gruppe von 150 Handelsvertretern mit einem Durchschnittsjahreseinkommen zwischen 100 000 und 150 000 Dollar eine Reihe von Fragen gestellt. Rund 40 % von ihnen entpuppten sich als Perfektionisten. Wie zu erwarten, fühlten sie sich mehr gestresst als ihre weniger perfektionistischen Kollegen. Aber waren sie auch erfolgreicher? Erstaunlicherweise nicht. Die Perfektionisten litten eindeutig mehr unter Ängsten und Depressionen, jedoch es fand sich nicht der kleinste Hinweis darauf, dass sie dafür auch mehr Geld verdienten. Vielmehr können die Enttäuschungen und Zwänge, mit denen der Perfektionist sich oft herumplagen muss, seine Kreativität und Leistungsfähigkeit herabsetzen. (...) Schon der Gedanke an ein Versagen versetzt sie in Angst und Schrecken. Sie stehen ständig unter Erfolgszwang, finden aber dennoch keine Befriedigung in ihrer Arbeit.«

Perfektionisten sind bedauernswerte Menschen. Sie sind gestresst, haben große Angst. Sie reagieren mit Depressionen und gehören nicht zu den Erfolgreichen. Aber wir müssen unterscheiden: Erfolg und Frucht sind zwei Paar Schuhe. Jesus sagt in der Bergpredigt das bedenkenswerte Wort:

»An ihren Früchten werdet ihr sie erkennen. Kann man auch Trauben lesen von den Dornen und Feigen von den Disteln?« (Matthäus 7,16.)

Sind die Bilder nicht bezeichnend? Die Trauben wachsen ohne Anstrengung am Weinstock. Wer an IHM bleibt, am Weinstock, bringt viel Frucht. Nicht dranklotzen, sondern dranbleiben. Nicht eigene Kräfte bis zur Erschöpfung mobilisieren, sondern sich in seiner Weinstockkraft genügen lassen.

Erfolg ist das menschliche Streben, Frucht ein Geschenk des Glaubens. Niemand kann sich als Christ Früchte abzwingen. Sie wachsen von selbst. Der Perfektionist macht sich leicht verrückt, der Christ arbeitet ruhig und gelassen in Gottes Namen. Er muss sich nicht zwingen. Er muss sich Früchte nicht abquälen. Die größten Erfolge werden durch harte Arbeit und perfektionistisches Streben erreicht. Glaubensfrüchte sind das Ergebnis des *Glaubens*, des Vertrauens und des Lebens aus Christus, durch Christus und mit Christus. Der Erfolg wird erkämpft, die Frucht wird geschenkt.

Hilfe Nr. 11:
Der Perfektionist handelt nicht

Perfektionisten wollen keine Fehler machen. Sie gehen auf Nummer sicher. Wir alle kennen den scherzhaften Ausdruck: Wer viel arbeitet, macht viele Fehler, wer wenig arbeitet, macht wenig Fehler, und wer gar nicht arbeitet, ist fehlerlos.« Perfektionisten möchten fehlerlos sein, daher stehen sie in Gefahr, gar nichts zu tun. Diese seelische Vollkommenheit nimmt Jesus aufs Korn. In knappen Sätzen schildert er die Männer, die mit ihren Gaben und Talenten unterschiedlich arbeiten.

»Es ist wie bei einem Mann, der verreisen wollte. Er rief vorher seine Diener zusammen und vertraute ihnen sein Vermögen an. Dem einen gab er fünf Zentner Silbergeld, dem andern zwei Zentner und dem Dritten einen, je nach ihren Fähigkeiten. Dann reiste er ab. Der Erste, der die fünf Zentner bekommen hatte, steckte sofort das ganze Geld in Geschäfte und konnte die Summe verdoppeln. Ebenso machte es der Zweite: Zu seinen zwei Zentnern gewann er noch zwei hinzu. Der andere aber, der nur einen Zentner bekommen hatte, vergrub das Geld seines Herrn in der Erde. Nach langer Zeit kam der Herr zurück und wollte mit seinen Dienern abrechnen. Der erste, der die fünf Zentner erhalten hatte, trat vor und sagte: ›Du hast mir fünf Zentner anvertraut, Herr, und ich habe noch weitere fünf hinzuverdient; hier sind sie!‹ – ›Sehr gut‹, sagte sein Herr, ›du bist ein tüchtiger und treuer Mann: Du hast dich in kleinen Dingen als zuverlässig erwiesen. Darum werde ich dir auch Größeres anvertrauen. Komm zu meinem Fest und freu dich mit mir.‹ Dann kam der mit den zwei Zentnern und sagte: ›Du hast mir zwei Zentner gegeben, Herr, und ich habe noch einmal zwei Zentner hinzuverdient.‹ – ›Sehr gut‹, sagte der Herr, ›du bist ein tüchtiger und treuer Mann: Du hast dich in kleinen Dingen als zuverlässig erwiesen. Darum werde ich dir auch Größeres anvertrauen. Komm zu meinem Fest und freu dich mit mir.‹

Zuletzt kam der mit dem einen Zentner und sagte: ›Ich wusste, dass du ein harter Mann bist. Du erntest, wo du nicht gesät hast, und sammelst ein, wo du nicht ausgeteilt hast. Deshalb hatte ich Angst und habe dein Geld vergraben. Hier hast du es zurück.‹

Da sagte der Herr zu ihm: ›Du bist ein Faulpelz und Taugenichts. Wenn du wusstest, dass ich ernte, wo ich nicht gesät habe, und sammle, wo ich nicht ausgeteilt habe, warum hast du das Geld nicht wenigstens auf die Bank gebracht, dann hätte ich es jetzt mit Zinsen zurückbekommen. Nehmt ihm seinen Teil ab und gebt es dem, der die zehn Zentner hat! Wer viel hat, soll noch mehr bekommen, bis er mehr als genug hat. Wer aber wenig hat, dem wird auch noch das Letzte weggenommen werden. Und diesen Taugenichts werft hinaus in die Dunkelheit, wo es nichts als Jammern und Zähneknirschen gibt‹« (Matthäus 25,14-30).

Der dritte Verwalter ist ein Perfektionist. Perfektionismus beinhaltet Angst. Der dritte gibt das offen zu: »Und ich hatte Angst, das Geld bei irgendwelchen Geschäften zu verlieren (Vers 25). Angst bremst. Angst lähmt. Angst macht untätig.

Viele Christen wollen fehlerlos bleiben. Sie können es

nur, wenn sie ihre »Gaben vergraben«. Wer arbeitet, macht Fehler. Wer arbeitet, macht sich die Hände schmutzig. Wer Geschäfte macht, erlebt Fehlgriffe. Wer sie vermeiden will, muss diese Erde verlassen. Jesus geht hart mit dem so genannten Perfektionisten ins Gericht. Seine Angst und mangelnde Risikobereitschaft erkennt er nicht an. Wer alles kontrollieren will, lebt am Leben vorbei. Wer alles in den Griff bekommen will, lebt ohne Vertrauen auf den lebendigen Gott. Wer Angst hat, Gott könnte ihn bestrafen, der schaut auf die Fehler und nicht auf den Erfolg. Er schaut auf das Versagen und nicht auf den Geber aller Gaben. Der Perfektionist kultiviert negative Gedanken. Seine Vorstellungen kreisen um Pleiten, Pech und Pannen. Überall wittert er Fallgruben und Sackgassen. Er blockiert alle Energie und macht sich krank. Unser Herr traut seinen Mitarbeitern – und das sind wir – etwas zu. Alle hat er mit Gaben ausgerüstet. Und diese Gaben sollen wir entsprechend unseren individuellen Fähigkeiten ausleben. Wer sie *versteckt*, wer sie *vergräbt*, wer sie *brach liegen lässt*, wird von ihm zur Rechenschaft gezogen.

Der dritte Verwalter hat ein falsches Gottesbild. Er sieht in ihm den brutalen Buchhalter und nicht den barmherzigen Vater. Perfektionisten haben ein falsches Gottesbild. Sie haben die Vollkommenheit falsch verstanden. Sie sehen in Gott den Sklaventreiber. Er stellt Forderungen und steigert sie ständig. Wer sich im Glauben kaputtmacht, hat ganz sicher ein falsches Gottesbild. Wer sich seelisch und körperlich aufreibt, hat Gottes Wort missverstanden. Vollkommen im Sinne Jesu heißt ganz sein und nicht perfekt und fehlerlos. Der Perfektionist möchte Gott immer ähnlicher werden. Aber wir sind nicht Gott. Unsere idealisierten Selbstansprüche führen zu selbstquälerischen Ängsten und treiben uns in die Verzweiflung.

- Was sehen wir in IHM?
- Wie gehen wir mit den anvertrauten Gaben um?
- Lassen wir uns von Ängsten bremsen oder schauen wir vertrauensvoll auf IHN?

Hilfe Nr. 12:
Der Perfektionist benötigt Gnade

Gnade ist das Gegenteil von Leistung.

Perfektionisten sind leistungsorientiert. Sie handeln ungnädig an sich. Was sie brauchen, ist Gnade. Gnade ist die unverdiente, unverdienbare und nicht zurückzahlbare Gunsterweisung. Die Gnade ist ein reines Geschenk; das Herzstück der Botschaft des Neuen Testamentes ist Gnade.

»Es ist erschienen die heilsame Gnade Gottes allen Menschen« (Titus 2,11). Das Evangelium ist die Botschaft von der Gnade. Und der Kernsatz der Reformation steht im Römerbrief: »Wir werden ohne Verdienst gerecht aus seiner Gnade, durch die Erlösung, so durch Christum Jesum geschehen ist« (Römer 3,24). Das Leitwort, das Martin Luther in der Reformation geprägt hat: »Sola gratia« (Allein aus Gnaden).

Die Heilung vom Vollkommenheitsstreben macht zufrieden und glücklich. Der Perfektionist weiß es mit dem Kopf, aber er lebt mit seiner Existenz dagegen.

- Er handelt so, als müsse er sich seine Seligkeit verdienen.
- Er handelt so, als ob die Gnade überflüssig sei.
- Er handelt so, als könnte er sich mit seinem Vollkommenheitsstreben freikaufen.

Den Satz: »Nichts hab ich zu bringen, alles, Herr, bist du«, kann er sagen, aber nicht leben. Er kann ihn theologisch nachvollziehen, aber nicht im Alltag umsetzen. Er muss lernen,

- seinen Terminkalender in Zwiesprache mit Gott zu führen,
- sich anzunehmen mit allen Fehlern und Schwächen,
- mit sich und seinen liebsten Menschen barmherzig umzugehen,
- sich über sein Vollkommenheitsstreben lustig zu machen.

Wer sich selbst auf die Schippe nehmen kann, wer Witze reißen kann über sein Vollkommenheitsstreben, der steht *drüber*. Er kann über sein Grundübel lächeln. Aus eigener Kraft schaffen das die wenigsten. In der Tat: Gnade ist ein Geschenk. Perfektionisten müssen systematisch einüben, sich von Christus beschenken zu lassen.

Hilfe Nr. 13:
Gehen Sie barmherzig mit sich um!

Perfektionisten sind unbarmherzig gegen sich und andere. Die Bibel ist voll von Barmherzigkeit. Gott wird als der Barmherzige charakterisiert.

»Barmherzig und gnädig ist der Herr, geduldig und von großer Güte« (Psalm 103/8). Paulus nennt Gott in der Tat den »Vater der Barmherzigkeit«.

Sogar im Islam finden wir das Zeugnis von Gottes Barmherzigkeit. Mohammed hat, wie manches andere, auch Gottes Barmherzigkeit aus der Bibel übernommen. Die meisten Suren des Korans beginnen mit dem Anruf: »Im Namen Gottes, des barmherzigen Erbarmers«.

Barmherzig ist, wer gut mit den anderen und *mit sich* umgeht. Christus ist das persönliche Abbild der Barmherzigkeit Gottes. Er hat sie nicht nur verkündigt, er hat sie uns vorgelebt.

Wer barmherzig mit sich umgeht, kann auch barmherzig mit anderen umgehen. Allerdings, Barmherzigkeit ist Frucht der Liebe. Barmherzigkeit ist keine Tugend, die wir uns abzwingen können. Barmherzigkeit ist die Frucht des Heiligen Geistes. Barmherzigkeit ist ein Geschenk. Wer sich von IHM beschenken lässt, wer seine Anstrengung und sein Vollkommenheitsstreben loslassen kann, der empfängt Barmherzigkeit. Er geht barmherzig mit sich und anderen um. Sein Perfektionismus hat ausgedient.

Perfektionismus
Ein Selbsterforschungsfragebogen

	stimmt nicht	stimmt etwas	stimmt voll
Ich habe ziemlich ideale Vorstellungen von mir, von den anderen und vom Leben.			
Wenn mir etwas nicht gelingt, kann ich in Panik geraten.			
In Haus, Familie, Kindererziehung und im Glauben an Christus strebe ich das Optimale an.			
Es fällt mir schwer, Fehler zu verzeihen, die mir Gott längst vergeben hat.			
Im Allgemeinen bin ich eher unzufrieden.			
Ich habe oft das Gefühl, nicht zu genügen.			

	stimmt nicht	stimmt etwas	stimmt voll
Am liebsten hätte ich eine Entweder-oder-Lösung.			
Mich beschleicht eine große Unruhe, wenn die Dinge nicht so laufen, wie ich sie gedacht habe.			
Ich darf mir nichts zuschulden kommen lassen, darf keinen Fehler machen.			
Ich strebe das Vollkommene an und bin unglücklich, wenn es mir nicht gelingt.			
Ich habe an mich und andere hohe Erwartungen.			
Ich bin sehr enttäuscht, wenn meine Kinder, mein Partner, meine Kollegen oder Mitarbeiter nicht sorgfältig arbeiten.			
Wenn meine Ansprüche nicht erfüllt werden, kann ich in Panik geraten.			
Ich stimme mit Goethe und der Bibel überein: »Wer immer strebend sich bemüht, den können wir erlösen.«			
Wenn die Ereignisse hinter meinen Erwartungen zurückbleiben, kann ich mit Versagensängsten und Resignation reagieren.			

Anmerkungen zum Selbsterforschungsfragebogen

- Füllen Sie ehrlich und ohne lange Überlegung den Bogen aus. Es ist kein Text, der objektiv Ihre Persönlichkeit widerspiegelt.
- Der Fragebogen kann lediglich Tendenzen Ihrer Lebensgrundüberzeugungen anpeilen. Er befragt Sie, in

welchem Maße perfektionistisches Streben in Ihnen lebendig ist.

– Sie können gern den Fragebogen vom Partner, von guten Freunden oder Bekannten ausfüllen lassen. Angehörige und Freunde gehen oft unvoreingenommener an diese Fragen heran. Sie geben Eindrücke und Empfindungen wieder, die Sie möglicherweise nicht wahrhaben wollen.

– Die Auswertung ist denkbar einfach: Je mehr Aussagen Sie mit »stimmt etwas« und »stimmt voll« angekreuzt haben, desto offensichtlicher befinden Sie sich im Überzeugungsbereich des Perfektionisten.

– Haben Sie den Eindruck, wenn Sie mehr als fünf Aussagen als stimmig erleben, dass Sie Ihrem Perfektionismus – auf welchem Gebiet auch immer – entgegenwirken sollten?

– *Wozu* müssen Sie besonders perfektionistisch sein?

– *Wie* lauten Ihre zentralen Lebensleitmotive?

– *Wo* reagieren Menschen in Ihrer Umgebung negativ auf Ihre Einstellung?

– *Was* sagt – Ihrer Meinung nach – die Bibel zu Ihren Lebensgrundüberzeugungen?

Ich korrigiere meine perfektionistischen Überzeugungen

Alte Überzeugungen:	*Korrektur:*
Ich bin eine Niete und reiche nie aus.	Ich mache Fehler, aber ich bin gut genug.
Wenn ich Fehler mache, bin ich wertlos.	Ich bin von Gott geliebt, aber nicht fehlerlos.
Wenn ich nicht perfekt bin, lehnt man mich ab.	Ich glaube nicht an meine Ablehnung und verhalte mich auch nicht entsprechend.
Nur wenn ich es perfekt mache, wird alles gut.	Ich gebe meine Bestes, alles andere entzieht sich meinem Einfluss.
Wenn ich nicht perfekt lebe und glaube, lehnt Gott mich ab.	Jesus ist für Sünder gestorben und nicht für Perfekte.
Wenn ich nicht perfekt bin, bin ich ein Versager.	Ich mache Fehler, aber ich bin kein Versager.
Wenn mir etwas nicht gelingt, bin ich völlig niedergeschlagen.	Das Vollkommene gibt es im Himmel. Ich probiere es erneut.
Nichts, was ich geschaffen habe, erfüllt mich mit Stolz und Freude.	Vieles, was ich geschaffen habe, gefällt mir. Einiges kann ich verbessern.
Ich fühle mich wie der letzte Dreck und beschimpfe mich.	Ich weiß, dass Eltern, Gott oder Partner mich lieben, trotz Fehlern bleibe ich liebenswert.

Ich fühle mich total am Boden und kann nicht mehr.

Ich mache mal wieder alles schlimmer, als es ist.
Glaube ich dieser Aussage, bleibe ich wirklich liegen.
Will ich das?

Fragen an mein perfektionistisches Verhalten

– Weshalb muss ich perfekt sein?
– Was will ich mit Perfektionismus erreichen?
– Will ich überlegener, moralischer, besser, intelligenter und angesehener sein als andere?
– Will ich mir bei Gott durch Vollkommenheitsstreben ein Sonderlob verdienen?
– Wer hat gesagt, dass ich perfekt sein muss?
– Wer hat in erster Linie meine Einstellung beeinflusst?
– Will ich in allen Dingen perfekt sein?
– Will ich nur perfekt sein, wenn es andere sehen?
– Bin ich auch perfekt, wenn es keiner sieht?
– Benutze ich Perfektionismus als mein Prestige?
– Bin ich durch Perfektionismus zufriedener oder unzufriedener?
– Wenn ich durch Perfektionismus unzufriedener bin, welche Konsequenzen ziehe ich daraus?

Wichtige Einsichten für den Perfektionisten

Einsicht 1:   So, wie ich bin, bin ich gut genug. Nicht gut,
              Gott allein ist gut, aber *gut genug*.
Merke: Ich genüge, ich reiche aus.

Einsicht 2:   Ich kann mich leiden, ich vertraue mir, ich
              akzeptiere mich.
Merke: Ich glaube an mich und werde ruhig und
              gelassen.

Einsicht 3:   Weil ich mich akzeptiere, kann ich auch an-
              dere akzeptieren.
Merke: Weil ich mich annehme, kann ich auch an-
              dere annehmen.

Einsicht 4:   Viele Dinge bleiben unerledigt, weil ich *alles*,
              was ich mache, hundertprozentig erfüllen will.
              Weil das aber viel Zeit in Anspruch nimmt, die
              ich nicht habe, lasse ich *alles* liegen.
Merke: Ich will lernen und darum beten, dass kleine
              Unvollkommenheiten zum Leben gehören.

Einsicht 5:   Ich habe Angst, Neues zu beginnen, weil ich be-
              fürchte, es nicht fehlerlos beenden zu können.
Merke: Wer fehlerlos sein will, muss diese Erde verlas-
              sen! Wer fehlerlos sein will, braucht Jesus nicht.

Einsicht 6:   Die Einstellung »Alles oder nichts« ist die Vor-
              stufe zur Psychose, ist eine krank machende
              Überforderung. Viele hilfreiche Lösungen lie-
              gen in der Mitte.
Merke: Nur wer immer auf mittlerem Niveau arbeitet,
              bringt ständig Höchstleistungen.

Einsicht 7:   Bisher habe ich geglaubt, wenn ich einen Fehler mache, werde ich gedemütigt.

Merke: Wenn du einen Fehler machst, interessiert das in der Regel keinen Menschen. Fehler gehören zum Menschsein dazu.

Einsicht 8:   Wenn andere mich nicht akzeptieren, bin ich nicht in Ordnung.

Merke: Dein Wert hängt nicht von der Meinung anderer ab, sondern von deinem Selbstvertrauen.

Einsicht 9:   Perfektion ist ein Vollkommenheitsstreben, ein Gottähnlichkeitsstreben. Selbst Anhänger des Islam verkaufen keinen echten Teppich, der nicht einen Fehler aufweist. Nur Allah ist fehlerfrei.

Merke: Wir sollen Gott anbeten, aber ihm nicht ähnlich werden wollen.

Einsicht 10:   Ich will als Perfektionist Geltung erringen, ich will vor mir selbst und anderen besonders gut dastehen. Ich will moralischer, tüchtiger und gründlicher sein.

Merke: Gib dein Bestes und du wirst ausgeglichener, gesünder und zufriedener sein.

Einsicht 11:   Als Perfektionist bin ich ein Idealist. Entweder bin ich total erfolgreich oder ein totaler Versager.

Merke: Je höher deine Ziele und deine Ideale, desto tiefer deine Enttäuschungen, wenn die Ideale sich nicht verwirklichen lassen.

Einsicht 12: Als Perfektionist ertappe ich mich ständig bei Selbstaufforderungen: Ich muss, ich müsste eigentlich, ich sollte. Das Müssen wird zur Faust im Nacken.

Merke: Du glaubst, du müsstest besser, arbeitsamer, genauer und perfekter sein. Dein Idealismus tyrannisiert dich.

Einsicht 13: Ich spüre, ich bin als Perfektionist verspannt, verkrampft und unglücklich.

Merke: Dein Schwarz-Weiß-Denken überfordert dich. Deine Über- und Untertreibung macht dich einsam.

Einsicht 14: Ich will schlechte Gefühle unter Kontrolle halten. Kontrolle und Selbstbeherrschung sollen mein Image stärken.

Merke: Du verlagerst Wut und Ärger nach innen. Du ruinierst deine Gesundheit und förderst deinen Stolz.

Einsicht 15: Ich weiß: Überforderung, Überehrgeiz und Überaktivität sind die Kennzeichen für einen unglücklichen Christen.

Merke: Christus hat eine vollkommene Erlösung unvollkommenen Menschen gebracht.

Literaturhinweise

Perfektionismus hat viele Gesichter
1 Albert Ellis, Die rational-emotive Therapie, Pfeiffer-Verlag, München 1977, S. 89.
2 Sandra Litty, Heißhunger, Brendow-Verlag, Moers 1997, S. 119f.
3 Sandra Litty, a.a.O., S. 120.
4 Eva Gesine Bauer, Lass uns bloß nicht darüber reden, Heyne-Verlag, München 1995, 2. Auflage, S. 67f.
5 David Seamands, Heilung der Gefühle, Verlag der Francke-Buchhandlung, Marburg 1986, 2. Auflage, S. 66.
6 Andreas Ebert/Richard Rohr u.a., Erfahrungen mit dem Enneagramm, Claudius-Verlag, München 1992, 2. Auflage, S. 30.
7 Anselm Grün, Selbstwert entwickeln, Ohnmacht meistern, Kreuz-Verlag, Stuttgart 1995, S. 40f.
8 Richard Rohr/Andreas Ebert, Das Enneagramm, Claudius-Verlag, München 1989, S. 49f.

Wie kann Perfektionismus entstehen?
1 Horst Eberhard Richter, Der Gotteskomplex, Rowohlt-Verlag, Reinbek 1980.
2 David Stoop, Der Perfektionist in mir, Verlag der Francke-Buchhandlung, Marburg 1993, S. 47f.
3 Edna B. Foa/Reid Wilson, »Hör endlich auf damit«, Heyne-Verlag, München 1994, S. 42.

Perfektionismus in der Erziehung
1 Thomas Gordon, Familienkonferenz, Verlag Hoffmann und Campe, Hamburg 1972, S. 269f.
2 Helmut Zöpfl, Wenn Eltern zu ehrgeizig sind, in: Das Beste, 2/1998, S. 53f.
3 Helmut Zöpfl, a.a.O., S. 54.
4 Helmut Thielicke, Wie die Welt begann, Quell-Verlag, Stuttgart 1964, S. 105.

14 Kennzeichen eines Perfektionisten
1 Horst Eberhard Richter, Der Gotteskomplex, a.a.O., S. 5.
2 Bernhard H. Shulman, Individualpsychologische Schizophreniebehandlung, Ernst Reinhardt-Verlag, München/Basel, S. 40.

3 Aus: GEO, 2/1996, S. 25ff.
4 David Seamands, a.a.O., S.66f.
5 Hans Selye/Fred Kerner, Stress bedroht unser Leben, Goldmann-Verlag, München, S. 85.
6 David Seamands, a.a.O., S. 88.

Perfektionismus und Co-Abhängigkeit

1 Hemfelt/Minirth/Meier, Mut zur Liebe, Gerth-Medien, Asslar 1993, 7.Auflage, S. 171.
2 Hemfelt/Minirth/Meier, a.a.O., S. 211f.

Alles oder nichts

1 Richard Rohr/Andreas Ebert, a.a.O., S. 34.
2 Wolfgang Schmidbauer, Alles oder nichts, Rowohlt-Verlag, Reinbek 1990, S. 2.
3 Josef Rattner, Psychosomatische Medizin, Fischer-Verlag, Frankfurt 1977, S. 114f.
4 Wolfgang Schmidbauer, a.a.O., S. 105.
5 Wolfgang Schmidbauer, a.a.O., S. 106.
6 David Seamands, Befreit vom kindischen Wesen, Verlag der Francke-Buchhandlung, Marburg 1990, S. 40.
7 Rolf Kaufmann, Die Krise des Tüchtigen, Walter-Verlag, Olten/Freiburg 1983, S. 123.
8 David Seamands, Befreit vom kindischen Wesen, a.a.O., S.7.

Wie kann Perfektionismus überwunden werden?

1 Viktor E. Frankl, Zeiten der Entscheidung, Herder-Verlag, Freiburg/Basel/Wien 1996, S. 121f.
2 Viktor E. Frankl, a.a.O., S. 131.
3 Elisabeth Lukas, Psychologische Seelsorge, Herder-Verlag, Freiburg/Basel/Wien 1985, S. 140f.
4 Anselm Grün, Gut mit sich selbst umgehen, Matthias Grünewald-Verlag, Mainz 2000, 12. Auflage, S. 16.
5 Aus: Willow-Netz, 4/2000, S. 7.
6 Aus: Idea-Spektrum, 29/30/2001, Schätze des Glaubens, S. 30.
7 David Seamands, Heilende Gnade, Verlag der Francke-Buchhandlung, Marburg 1990, S. 148.

Stichwortverzeichnis